직장은
있어야 하지만
떠나고
싶은곳

직장은 있어야 하지만 떠나고 싶은 곳

초판 1쇄 발행 2024년 11월 15일

지은이 이기웅
펴낸이 장길수
펴낸곳 지식과감성#
출판등록 제2012-000081호

교정 이주연
디자인 강샛별
편집 강샛별
검수 한장희, 윤혜성
마케팅 김윤길, 정은혜

주소 서울시 금천구 벚꽃로298 대륭포스트타워6차 1212호
전화 070-4651-3730~4
팩스 070-4325-7006
이메일 ksbookup@naver.com
홈페이지 www.knsbookup.com

ISBN 979-11-392-2185-5(03320)
값 10,000원

· 이 책의 판권은 지은이에게 있습니다.
· 이 책 내용의 전부 또는 일부를 재사용하려면 반드시 지은이의 서면 동의를 받아야 합니다.
· 잘못된 책은 구입하신 곳에서 바꾸어 드립니다.

한 직장인이 들려주는 직장 생활 속 경험과 고민,
그리고 그 고민을 풀어 보고자 했던 노력들

직장은 있어야 하지만 떠나고 싶은곳

이기웅 지음

신입사원은 새로운 환경에 어떻게 적응할까?
직장에서는 어떤 인간관계를 형성해야 할까?
업무 중 발생한 문제는 어떻게 해결해야 할까?

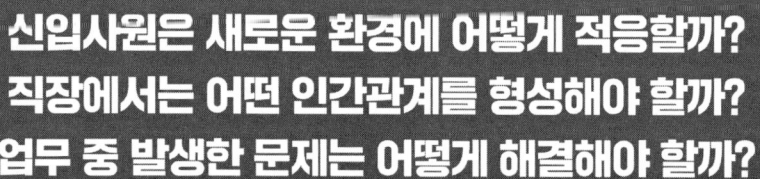

CONTENT

머리말   8

1장 신입사원과 업무

01 신입사원의 효능감   14
02 신입사원의 부정적 심리 변화   15
03 지적의 그늘과 신입사원의 자기검열   18
04 침묵하는 신입사원   19
05 신입사원의 침묵 뒤 갈림길   21
06 수동 공격성   24
07 적극적 수동인   26
08 과정 속 즐거움   29
09 경험학습이론으로 본 어려움을 통한 성장   31
10 유능함은 쉽게 표현하며 같이 일하고 싶은 대상   34

2장 관계와 신뢰성

01 평판의 진실과 신뢰성   40
02 직장에서의 인간(Human)과 사람(Person)   43
03 상호 의존의 미학   45
04 직장동료와의 건강한 관계 형성   46

05 일관성과 가변성 관점에서의 인간관계 48
06 직장에서의 감정 표현: 상사 VS 부하직원 52
07 상사에게 득이 되는 업무로 시작하는 인간관계 53
08 감정을 외면하는 리더와의 관계 55
09 이런 동료는 만나기 어렵다 56
10 성장의 두 가지 길: 지원 VS 지도 57
11 유능한 멘토를 만나는 것은 천운 60

3장 의사결정과 정의

01 과정의 연결자 PM 67
02 이번 인사 방침은 정의롭다 69
03 부서를 위한 의사결정이란 책임 회피성 의사결정 70
04 단순함은 본능을 깨운다 72
05 결과 중심 VS 과정 중심 74
06 비판적 사고와 의사결정 76
07 직장인의 가치 선택: 돈인가, 만족인가? 78
08 성공적인 목표설정을 위한 태도 79
09 성인 교육자의 역할과 방법 80
10 효율적인 문제해결을 위한 다섯 가지 접근법 83

4장 생존 전략과 성찰

01 야망과 욕심이 큰 집단에서 살아남기 90

02 청유형 부탁을 가장한 핸들링 기술　　　　　　　91

03 부서에서의 생존 전략　　　　　　　　　　　　93

04 조직 결속력을 강화하는 관리자 기술　　　　　　95

05 직장에서 살아남기 위해 연기 학원을 다녀라　　96

06 무색무취의 언어를 사용하고 행동하라　　　　　97

07 직장에서 살아남기 위해 호흡을 다스려라　　　100

08 적당히 아파서 살아남기　　　　　　　　　　　102

09 성과 포장 기술　　　　　　　　　　　　　　　104

10 상위 10%에 도전하라　　　　　　　　　　　　106

11 직장 생태계에서 은폐색과 경계색을 활용하여 살아남기　110

5장 직장인의 일상과 성찰

01 배운 대로 산다는 것은 그뿐이다　　　　　　　118

02 맥락과 의지를 통한 의사소통　　　　　　　　　120

03 상대의 감정을 공감 못 하는 직장인　　　　　　122

04 직장 내 공감의 한계　　　　　　　　　　　　　124

05 망각의 축복과 양심의 죽음　　　　　　　　　　125

06 별이 지는 새벽 출근길에 들리는 마음의 소란　126

07 직장에서 경험하는 외로움과 고독　　　　　　　129

08 지금에 집중하기　　　　　　　　　　　　　　　132

09 나를 증명하기　　　　　　　　　　　　　　　　134

10 회사가 원하는 인재의 두 얼굴: 성과 VS 인성　136

11 직장은 있어야 하지만 있고 싶지 않은 곳　　　137

6장 직장인에게 필요 없는 덕과 철학

01 과정의 망각	143
02 실패한 업무에는 덕이 있는가?	144
03 직장 관계 속에서의 도덕성	148
04 존재론적 관점에서 본 직장 내 약속의 도덕성	150
05 진정한 행복의 비밀	152
06 직장인 관점의 행복	155
07 논리보다 선함을 믿는 직장인	157
08 선함의 딜레마	159
09 존재론적 성찰	161
10 인식론적 관점에서 我	163

맺음말	165
참고 자료	170

> 머리말

업무가 아닌 이유로 힘들어하는 급여소득자들에게 이 책을 바칩니다.

정규직, 급여소득자, 계약직, 일용직, 자영업자로 사회생활을 경험하면서 회사, 조직, 부서, 팀, 파트너, 고객, 동료, 상사 등을 만났고, 때로는 사적으로 때로는 공적으로 관계를 형성하였다. 그 과정에서 얻은 나와 동료 그리고 고객과 상사의 경험담을 이 책에 담고자 하였다.

이야기는 관찰과 대화를 통해 기록한 추억, 나와 동료들이 고민했던 소재, 그 고민을 풀어 보고자 노력했던 경험으로 구성하였다. 때로는 나의 시각으로 썼고, 때로는 나보다 먼저 고민하고 연구했던 학자들의 시각으로 썼다. 이 글을 쓰면서 느꼈던 부분이지만 새로운 고민과 경험은 없는 듯하다. 역사는 반복된다는 말처럼 과거 누군가의 고민과 경험을 다시 반복하여 쓴 느낌이다.

이 책은 6장(1장 신입사원과 업무, 2장 관계와 신뢰성, 3장 의사결정과 정의, 4장 생존 전략과 성찰, 5장 직장인의 일상과 성찰, 6장 직장인에게 필요 없는 덕과 철학)으로 구성하였다.

1장은 신입사원이 경험하는 회사의 프로세스와 문화, 선배, 직무교육이 그들에게 미치는 영향에 관해 썼다. 주로 그들이 적응하는 과정에서 나타나는 심리와 행동에 관해 이야기하였다.

2장은 직장에서 형성하는 인간관계에 관해 썼다. 관계 형성의 매개체는 업무로 선정하였다. 그 업무를 수행하면서 경험하게 되는 심리와 고민을, '성장'에 중점을 두고 이야기하였다. 그 과정에서 만나는 동료는 누구이며, 어떤 동료를 놓치지 말아야 하는지, 상사는 누구인지를 나의 시각으로 작성하고자 노력하였다.

3장은 업무를 진행하면서 경험하는 업무 선정, 계획, 문제해결에 관해 이야기하였다. 그 과정을 경험하면서 생각하게 되는 직장이란 무엇인지, 의사결정이 무엇인지, 직장에서 누구나 경험하는 학습자와 교육자가 무엇인지를 내적 고민을 담아 이야기하였다. 그리고 효과를 봤던 문제해결 방법을 소개하였다.

4장은 직장에서 급여소득자로 가능하면 정년까지 살아남는 전략에 관해 작성하였다. 이 전략에는 옳고 그름이라는 도덕적, 윤리적 관점에서 작성하지 않았다. 가장(家長)의 관점에서 작성하였다. 그러니 그 전략을 비윤리적이라고 평가하지 않았으면 좋겠다. 각자가 선택한 생존 전략으로 이해해 주길 소망한다.

5장은 직장인이 경험하는 반복되는 일상에서 직장에 관한 고민, 나에 관한 고민, 동료에 관한 고민에 대해 작성하였다. 이 장은 나의 이야기가 주요 소재이다. 이런 고민을 하고 있을 누군가에게 최소한 당신만 그렇지 않다는 것을 이야기하고자 하였다.

6장은 지금까지 고민했던 주제 중 "왜 했을까?" 하는 소재로 작성히였다. 혹시 나처럼 쓸데없는 고민을 하는 이가 있다면 이 글들을 읽고 정리하길 바라는 마음에 작성하였다. 나도 이 글을 쓰면서 정리하였다. 정말 직장 생활에 일도 도움이 안 됐다. 피곤하기만 했다.

1장
신입사원과 업무

1장 스토리텔링

    어려운 채용의 관문을 통과한 신입사원은 자기효능감과 자신감이 넘쳐흐른다. 이럴 경우, 과신으로 이어져 회사 적응에 어려움을 겪곤 한다. 이때 어설픈 조언보다는 장점을 찾아 칭찬해 주는 것이, 그들의 자신감 및 효능감을 긍정적으로 유지하는 데 도움이 된다.

    다른 한편으로는 초기의 열정과 총기가 점차 사라지는 경우가 있다. 이럴 경우, 이 신입사원에게는 주체적인 업무 경험이 필요하다. 그 경험에서 비판적 사고로 자신이 수행한 업무를 분석, 평가하여 스스로 반성하는 과정이 필요하다. 그러면서 자기를 인식하게 되고, 성장의 발판을 마련하게 된다. 이때 작은 업무의 성공은 성장의 마중물 역할을 한다.

    한편 지속적인 지적이 반복되면 신입사원은 자신의 인생 전체를 부정적으로 바라보고 후회하는 시간을 갖게 된다. 그리고 지속적인 비판과 지적을 피하고자 동료와의 소통을 줄이고, 혼자만의 시간을 늘리게 된다. 그러면서 감정을 공감하고 이야기할 사람이 없는 환경에서 더욱 고립되고, 외로움을 느끼게 된다. 그 시간이 오래되면 세 가지 중 하나를 선택하게 된다. 첫째, 침묵의 시간을 갖고, 더 이상 본인에 대해 관심이 줄어들기를 기다린다. 둘째, 회사에서 살아남고 인정받기 위한 성장의 여정을 시작한다. 셋째, 이직이다.

    이 중 침묵을 선택한 경우, 부서 내 위치나 분위기 때문에 자신의 부정적인 감정이나 분노를 직접적으로 표현하지 못한다. 그리고 일을 방해하거나 상대방을 무시하는 등 은밀하고 우회적인 방법인 수동 공격성을 나타내기도 한다. 또는, 적극적으로 수동적 태도를 보인다.

성장의 길을 선택한 경우, 업무를 수행하면서 새로운 사람 만나기, 새로운 직장인과의 관계 형성하기, 새로운 시각으로 업무 과정 이야기하기, 문제해결하기 등을 하면서 즐거움을 느끼게 된다. 물론 어려움을 경험하지만 이를 통해 한 단계 성장하게 된다. 그 후 유능해진 자신을 느끼지만, 어느새 그 유능함으로 인해 주변의 시기와 질투를 경험하게 된다. 그러면서 유능함은 단순히 전문 용어를 사용하거나 기술적인 능력을 자랑하는 것이 아닌, 지식을 쉽게 전달하고 동료들이 함께 일하고 싶어 하는 환경을 제공하는 것임을 알게 된다. 이를 통해 동료를 배려하고 존중하는 태도를 체득하게 된다.

01 신입사원의 효능감

어려운 채용의 관문을 통과한 신입사원은 높은 자기효능감을 보인다. 그래서인지 상사나 동료의 충고를 들으려 하지 않는 경우가 있다. 특히, 자신감이 강한 신입사원은 최소한의 양보나 타협도 하지 않고, 자신의 방식대로 일을 추진하려는 경향이 크다. 이는 어려운 관문을 통과하면서 얻은 자신감이 과신으로 이어진 것이다. 연구에 따르면 초기 성공을 경험한 개인은 자기과신(Overconfidence)에 빠질 가능성이 높다. 이는 새로운 도전과 변화를 수용하는 능력을 낮춘다.

또한, '자기효능감(Self-Efficacy)'의 과도한 표출로 볼 수 있다. 자기효능감은 자신을 얼마나 가치 있게 여기는가에 대한 판단 기준인 '자아존중감(Self-Esteem)'과 구별되는 개념으로, 특정한 과제를 확신하고 수행할 수 있다는 능력에 관한 판단과 믿음이다. 자기효능감(Self-Efficacy)은 세 가지 차원으로 구성된다. 수준(Level), 강도(Strength), 일반성(Generality)이다. 첫째, 수준은 과제의 난이도에 따른 자신감의 정도를 의미한다. 둘째, 강도는 각 과제를 수행하는 데 있어 자신감의 정도를 나타내며, 이는 개인이 과제를 얼마나 자신 있게 수행할 수 있는지를 반영한다. 마지막으로, 일반성은 특정 상황이나 대상에 대한 효능감이 다양한 상황이나 대상에 걸쳐 일반적으로 적용될 수 있는지를 평가한다. 반두라(Bandura)의 자기효능감이론에 따르면, 본인의 능력에 대한 믿음은 성공을 촉진할 수 있지만, 과도한 자기효능감은 현실적인 피드백을 무시할 수 있다.

그리고 이런 신입사원의 태도는 '인지부조화이론(Cognitive Dissonance Theory)'으로도 설명할 수 있다. 레온 페스팅거(Leon Festinger)에 따르면, 기존에 가지고 있던 믿음, 생각, 가치와 반대되는 새로운 정보를 접했을 때는 정신적 불편함을 느낀다. 이런 심리적 불편을 해소하기 위해 상사와 동료의 충고를 무시하거나 피하게 된다.

신입사원에게는 어설픈 조언은 효과가 없다. 오히려 장점을 찾아 칭찬해 주는 것이 더 효과적이다. 예를 들어, 신입사원이 특정 프로젝트에서 뛰어난 성과를 보였을 때 이를 공개적으로 인정하고 칭찬하는 것이 그들의 자신감을 긍정적으로 강화할 수 있다. 이는 신입사원의 긍정적인 측면을 강화하고, 자기효능감을 바람직한 방향으로 유도하는 데 도움이 된다. 또한, 체계적인 멘토링 프로그램을 통해 정기적으로 피드백을 받을 수 있는 환경을 조성하는 것도 중요하다.

02 신입사원의 부정적 심리 변화

신입사원은 어려운 입사의 관문을 통과한 후, 큰 기대와 열정으로 첫 출근을 한다. 그러나 회사의 엄격한 프로세스, 규칙, 문화 등을 접하면서 초기의 열정과 총기는 점차 사라지게 된다. 이러한 부정적 변화의 정도는 각자의 성격, 경험, 멘토링 여부 등에 따라 다르게 나타나며, 이는 신입사원 개인뿐만 아니라 회사에도 부정적 영향을 미칠 수 있다.

신입사원은 입사 초기엔 자유롭게 생각하고 행동하며 대화하는 데 익숙해져 있지만, 회사의 엄격한 틀에 적응하는 과정에서 생각과 행동이 위축되어 심리적 피로감이 쌓이게 된다. 이러한 피로감은 대화와 소통에도 영향을 미쳐 대화가 줄어들고, 동료 및 상사와의 소통이 어려워진다.

상사와 선배들은 이러한 신입사원의 변화를 적응 과정의 일부로 보거나 개인의 문제로 치부하는 경향이 있다. 이들은 신입사원을 '적응하지 못하는 골치 아픈 신입사원'이나 '적응하는 과정에 있는 신입사원'으로 생각하며, 개인의 문제로 본다. 이 과정에서 신입사원은 더욱 위축되고, 자존감이 낮아진다.

반대로, 회사의 엄격한 틀에 적응하는 과정에서도 위축되지 않고 자신의 의견을 자유롭게 표현하는 신입사원은 자신만의 방식으로 회사 생활에 적응하려고 노력한다. 그러나 기존의 조직 문화와 다른 그의 생각과 행동은 기존 구성원들에게 불편함을 주게 된다. 이는 상사와 선배들에게 부정적인 감정을 키우게 된다. 이 부정적인 감정은 결국 험담으로 이어지게 되고 '그런 사람'이라는 편견을 만들게 된다. 그 편견은 확대 재생산이라는 과정을 거치면서 신입사원의 귀까지 들리게 된다. 그렇게 되면 결국에는 그 신입사원도 위축되고 자존감이 낮아지게 된다.

그렇다면 낮아진 자존감은 어떻게 높일 수 있을까? 먼저 자존감을 설명하고, 이를 긍정적인 방향으로 안내할 수 있는(확실한 방법이 아닌 방향) 과정을 살펴보고자 한다. 로젠버그(Rosenberg)는 자존감에 대해 자기 자신에 대한 긍정적 혹은 부정적인 태도라고 말하였으며, 코퍼스미스(Coopersmith)는 개인이 평소 자신에 대해 내리는 평가로, 자신을 능력 있고, 의미 있으며, 성공적이고, 가치 있는 존재로 믿는 정도로 정의했다. 즉, 신입사원은 수백 대 일의 경쟁에서 승리하기 위해 초등학교 때부터 각고의 노력을 했고 그 결과물인 채용에 합격하면서 자신의 능력을 높이 평가하고 그렇다고 믿으면서 긍정적 태도를 취하게 된다. 그리고 이 태도는 행동으로 표출된다.

존 듀이(John Dewey)는 경험을 통한 학습이 학습자에게 자아인식을 심어 주고, 이를 통해 자존감을 높이는 데 중요한 역할을 한다고 주장했다. 그의 경험 중심 교육은 학습자 자신이 경험한 경험을 반성하고, 이를 통해 자아를 이해하며 자존감을 형성하도록 돕는다고 하였다. 프레이리(Paulo Freire)는 비판적 사고와 자기인식을 통해 학습자가 자존감을 높이고, 자신의 삶을 주체적으로 살아갈 수 있도록 돕는 것이 교육의 역할이라고 보았다. 이를 정리하면, 신입사원이 주체적으로 업무라는 경험을 통해 비판적 사고로 자신이 수행한 업무를 분석, 평가하여 스스로 반성하는 과정을 통해 자기를 인식하는 과정에서 긍정적인 방향으로 자존감을 안내할 수 있다. 이때 작은 업무의 성공도 도움이 된다.

물론 직장 환경, 개인의 수준 등 여러 여건에 따라 정도의 차이는 있다. 따라서 한 부분만을 너무 강조하거나 치중하다 보면 역효과가 날 수 있다. 이에, 직장과 동료 그리고 신입사원의 상호작용이 중요하다.

입사 초기 신입사원은 반드시 심리 변화를 경험한다. 그 심리 변화는 회사 적응 과정에서 발생하는 힘들고 아프며 어려운 경험이다. 따라서 신입사원이 긍정적인 방향으로 직장인으로서의 자존감을 가질 수 있도록 회사 프로그램, 상사, 선배, 동료의 도움이 필요하다.

03 지적의 그늘과 신입사원의 자기검열

반복적으로 말과 행동을 지적받다 보면 신입사원은 일을 계획하거나 구상할 때부터 자기검열을 하게 된다. 즉, 지적받던 상황에 대해서만 고민하는 것이 아니라, 매사 신중하게 '지적받지 않을까?' 하는 고민을 하게 된다. 즉, 회사와 동료가 준 검열 기준으로 자기검열을 하게 된다. 이는 '과잉적응(Over-adaptation)'의 결과로 볼 수 있다. 이러한 행동은 스트레스와 불안을 증가시키며, 자존감을 낮출 수 있다. 처음에는 지적을 받아들이며 자신을 돌아보기도 하지만, 지속적인 지적이 반복되면 결국에는 자신의 인생 전체를 부정적으로 바라보게 되고 후회하는 시간을 갖게 된다.

이러한 후회는 본인의 삶 전체를 부정하고 가치를 저평가하게 만든다. 어떤 신입사원은 위안이나 해결책을 찾기 위해 지인이나 전문가를 만나기도 한다. 하지만 그 위안과 해결책조차도 더 큰 지적의 화살이 되어 다시 본인의 가슴에 꽂히곤 한다.

이런 과정을 겪게 되면 신입사원은 단순하게 행동하고, 생각 자체를 잊어버린다. 자극에만 반응하는 세포처럼 행동하고, 마음마저 굳어지게 된다. 즉, 타인과의 상호작용을 회피하고 사회적으로 고립되며 타인과의 사회성 기술이 결핍된 상태인 '사회적 위축(Social Withdrawal)' 현상이 나타난다. 신입사원은 지속적인 비판과 지적을 피하고자 동료와의 소통을 줄이고, 혼자만의 시간을 늘리게 된다. 이는 직장에서의 고립감을 초래하고, 장기적으로는 업무 성과에도 부정적인 영향을 미칠 수 있다.

얼핏 보면 정제된 언행처럼 보이는 과잉적응과 사회적 위축은 이들이 직장에서 생존하기 위해 선택한 일종의 설루션인 셈이다. 그러나 이 설루션은 그들을 단순화시킨다. 자아를 죽이거나 숨게 만든다. 오직, 더 오래 회사에 남아 있기 위해서.

04 침묵하는 신입사원

신입사원의 침묵 이면에는 다양한 심리적 요인이 숨어 있다. 이들은 침묵이라는 울타리에서 벗어나고 싶어 하지만, 여러 가지 이유로 침묵의 울타리에 머무는 경우도 있다. 신입사원의 침묵은 단순한 무언(無言) 이상의 의미가 있다. 이 침묵의 이면에는 무서움, 두려움, 외로움이라는 감정들이 자리 잡고 있으며, 이러한 감정들은 신입사원을 위축시키고 그들의 행동과 사고를 제재하게 만든다.

신입사원들은 새로운 환경에서 상사와 동료들의 언어적, 비언어적 대화에서 공포를 느낄 수 있다. 상사의 권위적인 태도나 동료들의 무관심은 신입사원을 위축시키고, 이러한 환경은 그들의 심리적 안전감을 떨어뜨린다. 심리적 안전감이란 개인이 자신을 표현하고, 실수하거나 새로운 시도를 해도 비난받지 않을 것이라는 신뢰감을 의미한다. 신입사원들은 이러한 안전감을 느끼지 못할 때 침묵하게 된다.

그리고 신입사원들은 자신이 조직 내에서 어떻게 받아들여질지에 대한 불안감을 느낀다. 이는 사회적 불안과 관련이 있다. 학교에서 경험했거나 지켜봤던 왕따 같은 부정적인 경험이 현재의 직장에서 재현될까, 두려워하는 것이다. 이러한 불안은 신입사원을 극도로 긴장하게 만들고, 이는 신체적, 정신적 경직으로 이어진다. 경직된 사고와 행동은 침묵이라는 벽돌을 하나씩 쌓아 가게 하며, 결국 고독의 방에 갇히게 만든다. 고독은 부서 내에서의 외로움에서 비롯된다. 즉, 자신의 감정을 공감하고 이야기할 사람이 없는 환경에서 그들은 더욱 고립되고, 외로움을 느낀다.

따라서 신입사원이 침묵하고 있다면 그 원인을 파악하는 것도 중요하지만, 더 중요한 것은 그들이 용기를 내어 말할 때 주변 사람들이 어떻게 반응하는가이다. 심리학적으로 긍정적인 강화는 특정 행동을 증가시키는 데 효과적이다. 신입사원이 용기를 내어 자신의 감정을 표현할 때, 동료들이 작은 감탄사나 긍정적인 반응을 보여 주는 것이 중요하다. 예를 들어, 신입사원이 회의에서 의견을 내거나 질문을 할 때, 동료들이 미소를 짓거나 고개를 끄덕이는 반응도 도움이 될 수 있다. 이는 신입사원이 다시 용기를 내어 자신을 표현할 수 있도록 돕는 중요한 마중물이 될 것이다.

05 신입사원의 침묵 뒤 갈림길

한동안 침묵의 터널에 서 있던 신입사원은 용기 내어 터널 끝을 향해 한 발 한 발 힘겹게 내디딘다. 그리고 터널을 통과하면 세 개의 갈림길을 마주한다.

첫 번째 길은 지금처럼 침묵의 시간을 갖고, 더 이상 본인의 존재에 대해 관심이 줄어들기를 기다리는 것이다. 이는 신입사원이 조직 내에서 눈에 띄지 않기 위해 선택하는 방어기제의 일종이다. 이런 상황에 놓이게 된 상황과 마음은 다음과 같다.

▼ **업무 스트레스**

신입사원 김 씨는 첫 직장에 입사한 후 업무에 대한 높은 기대와 압박감을 느꼈다. 그는 자신이 회사의 기대에 부응하지 못할까 봐 두려워했고, 실수를 두려워한 나머지 질문을 하거나 자신의 의견을 표현하는 것을 꺼려 했다. 그는 팀 미팅에서 거의 말하지 않고, 주어진 업무에만 집중하는 모습을 보인다.

▼ 회사 문화에 대한 이해 부족

신입사원 박 씨는 입사 초기 회사의 조직 문화에 익숙해지지 못해 어려움을 겪었다. 특히, 회사 내에서의 비공식적인 규칙이나 관습에 대한 이해가 부족해, 말 한마디에도 조심스러워졌다. 그러면서 팀원들이 농담을 주고받을 때 박 씨는 그 분위기에 적응하지 못해 침묵을 지키게 됐다.

▼ 상사와의 관계

신입사원 이 씨는 입사 후 본인의 상사가 매우 권위적이고 엄격하다는 것을 알게 되었다. 상사의 꾸지람을 피하고자 가능한 한 눈에 띄지 않으려고 하고, 회의 중에도 자신의 의견을 내는 대신 상사의 지시에 따르기만 하며 침묵을 유지한다.

▼ 피드백에 대한 두려움

신입사원 최 씨는 이전 직장에서 받은 부정적인 피드백으로 인해 자신감이 크게 떨어진 상태다. 새로운 직장에서 첫 프로젝트를 진행하는 과정에서 동료들이나 상사로부터 또다시 부정적인 피드백을 받을까 봐 두려워하고 있다. 그래서 최 사원은 자신의 업무에 관해 묻는 말에만 간단히 대답하고, 의견을 묻는 상황에서는 침묵을 지키게 됐다.

두 번째 길은 변화의 길, 성장의 길이다. 즉, 회사에서 살아남고 인정받기 위한 위대한 여정을 떠난다. 이를 위해 본인에게 요구되는 사항들을 받아들이고 그 수준까지 정진한다.

많은 연구에서 한 신입사원이 회사의 기대에 부응하기 위해 추가 교육을 받거나, 멘토를 찾고, 적극적으로 프로젝트에 참여하는 등의 노력을 기울일 때 성장과 성공에 큰 도움이 된다고 하였다. 따라서 신입사원에게는 상당히 중요한 시기가 된다. 이 시기에 다음과 같은 능력을 키우기를 소망한다.

첫째, 과제는 새로운 환경에 적응하는 능력이다. 새로운 업무, 동료, 조직 문화 등 모든 상황이 낯설기에, 적응하는 데에는 시간이 필요하다. 이 과정에서 신입사원은 자신의 역할을 이해하고, 회사의 기대에 부응하기 위해 노력해야 한다.

둘째, 신입사원은 자신의 능력을 발전시키기 위해 노력해야 한다. 이는 교육과 훈련, 멘토링, 자율 학습 등을 통해 가능하며, 신입사원은 이 기회를 최대한 활용하여 자신의 직업적 역량을 강화해야 한다.

셋째, 팀 내에서의 협업 능력을 키워야 한다. 팀원들과의 원활한 소통과 협력은 업무의 효율성을 높이는 데 중요한 역할을 한다. 이를 통해 신입사원은 조직 내에서 신뢰를 쌓고, 자신의 위치를 확립할 수 있다.

넷째, 본인의 경력 목표를 설정하고, 이를 달성하기 위한 계획을 세워야 한다. 이는 장기적인 커리어 발전에 매우 중요하다.

세 번째 길은 떠나는 것이다. 이직하는 것이다. 목푯값이 자신이 생각했던 오차범위를 벗어났기에 미련 없이 떠난다. 한 취업 사이트 조사에 따르면, 20대와 30대 남녀 직장인 343명 중 약 75.5%가 이직을 경험했다. 이는 초기 기대와 현실 간의 차이를 크게 느끼기 때문이다. 주요 이유는 다음과 같다.

- 개인 생활을 누리기 어려워서(38.6%)
- 만족스럽지 않은 보상 체계(37.1%)
- 회사의 불확실한 미래에 대한 걱정(27.8%)
- 직장 내 인간관계 문제(17.8%)

그러나 한편으로 이직은 그들의 커리어 방향을 새롭게 설정할 기회가 된다.

06 수동 공격성

수동 공격성(Passive Aggression)은 단순히 미성숙한 방어기제가 아니다. 이는 일상에서 흔히 볼 수 있는 반복적인 공격성이다. 사회적인 위치나 분위기 때문에 자신의 부정적인 감정이나 분노를 직접적으로 표현하지 못하고, 일을 방해하거나 상대방을 무시하는 등 은밀하고 우회적인 방법으로 공격성을 나타내는 것이다. 이러한 행동은 상대방을 불편하게 만들고, 자신의 공격적 욕구를 충족시키는 데 목적이 있다.

예를 들어, 동료가 요청한 일을 일부러 늦게 처리하여 상대방에게 불편함을 주거나, 의도적으로 상대방의 의견을 무시하거나 회피한다. 이러한 수동 공격성은 직장 내에서 빈번하게 발생할 수 있으며, 부서 운영에 부정적인 영향을 미친다. 수동 공격성을 인지하고 대처하는 것은 매우 중요하다. 이를 위해서 수동 공격성을 이해할 필요가 있다.

수동 공격성이라는 개념은 1945년 제2차 세계 대전 때 미국의 정신과 의사인 칼 메닝거(Karl Menninger)에 의해 처음 관찰되었다. 그는 군인들이 상관의 명령에 직접적으로 저항하지 않고, 일부러 지연시키거나 부적절한 태도를 보이는 등 수동적인 방법으로 저항하는 모습을 발견했다. 이러한 행동은 스트레스와 분노를 수동적으로 표출하는 방식이었다.

직장을 종종 전쟁터에 비유하곤 한다. 직장이라는 전장에서 생존 확률을 높이기 위해서는 전투력이 강한 상사와 동료의 군대에 들어가야 한다. 이런 마음은 생존 본능이다. 그래서일까? 상사나 동료의 얼굴을 보고 반대 의사를 표현하는 일은 쉽지 않다. 그렇기에 수동 공격성을 통해 자신의 의사를 조금이나마 표현하는 것이다. 이는 무난한 의사 표현의 방법일지도 모른다. 그러나 이러한 행동은 사람들 사이의 원활한 상호작용을 방해하고, 조직의 기능을 약화시킨다. 따라서 상사, 동료를 포함한 신입사원도 이를 인식하고 적절히 대응하는 것이 중요하다. 그리고 자신을 돌아보고, 긍정적인 상호작용을 추구하는 자세가 필요하다. 예를 들어, 상사와의 대화에서 자신의 감정을 솔직하게 표현하는 연습을 하거나, 동료들과의 관계를 개선하기 위해 피드백을 주고받는 것이 도움이 될 수 있다.

앞서 설명한 심리를 이해하고 있다면 이를 더 효과적으로 대응할 수 있을 것이다. 또한, 자기성찰의 기회로 삼아 자신의 행동을 돌아볼 수 있는 계기도 될 수 있다.

만약 현재 이러한 공격을 받고 있지 않거나, 이러한 공격을 하지 않다면, 그 직장은 행복한 곳이다.

07 적극적 수동인

직장에서 흔히 듣는 말 중 하나가 "시키는 것만 하냐?"라는 것이다. 이보다 더 적극적으로 수동적 태도를 보이는 직장인을 이 책에서는 '적극적 수동인'이라 부르고자 한다. 이들은 일을 안 하려고 모든 방법을 동원하지만, 딱히 지적하기도 어렵다. 또한, 이들은 시키는 일도 정확하게 표현해야만 업무를 수행한다. 모호하거나 알아서 하리라는 기대에 개념적 지시를 하면 일을 하지 않으며, 정확한 지시가 없었다는 이유로 상대를 비난하기까지 한다.

이들의 심리 상태는 대략 이렇다. '나한테 일을 시키지 말라. 당신이 시키는 일에는 관심 없다. 나에게 일을 시키려면 최소한 부장급은 되어야 한다. 난 그들에게만 인정받으면 된다.', '당신이 시키는 일은 당신이 해라. 난 그동안 현명하게 사무실에 있겠다.', '나에게 일을 시키려면 정확하게 ABCD를 설명해라. 그 설명이 싫으면 당신이 해라.' 이러한 태도는 직장에서 큰 문제를 야기할 수 있다. 동료 간의 협업을 방해하고, 업무 효율성을 저해한다. 특히, 빠르게 변화하는 업무 환경에서 이러한 태도는 업무에 심각한 지장을 초래할 수 있다.

* 지금부터 하는 말은 교과서적 생각이다.

따라서 직장 내에서 이러한 문제를 다루기 위해, 리더는 명확한 대화와 신뢰 구축에 힘써야 한다. 예를 들어, 프로젝트 목표와 기대치를 명확히 설명하고, 팀원들의 역할을 분명히 하는 것이다. 또한, 정기적인 피드백을 통해 팀원들의 성과를 점검하고, 필요한 지원을 제공하는 것도 중요하다. 이런 접근은 팀의 협업과 생산성을 높이는 데 기여할 수 있다. 적극적 수동인은 직장에서 협업을 방해하고 업무 효율성을 떨어뜨릴 수 있지만, 명확한 지시와 책임 부여, 동기 부여 등을 통해 긍정적인 변화를 유도할 수 있다. 이를 통해 조직 내에서 더 나은 협업과 성과를 끌어낼 수 있을 것이다.

연구에 따르면, 직장에서의 명확한 대화와 기대치 설정은 팀의 성과에 큰 영향을 미친다. 예를 들어, 롯지크(Lodjic)의 연구에서는 명확한 지시와 기대치를 전달받은 팀이 그렇지 않은 팀보다 30% 높은 성과를 보였다. 또한, 보엘(Boehl)의 연구에서는 신뢰와 소통을 기반으로 한 리더가 팀의 협업과 성과를 높이는 데 중요한 역할을 한다고 결론지었다. 따라서 명확한 지시와 기대치 설정, 신뢰와 소통을 기반으로 한 리더십은 팀의 협업과 성과를 높이는 데 필수적인 요소라 할 수 있다.

* 지금부터는 현실을 말하고자 한다.

하지만 직장 내에서 이러한 문제를 해결할 방법은 없다. 그러나 현실적으로 아주 조금 줄일 수는 있다. 그나마 고과나 포상에 반응할 경우이다. 무조건적 자극인 고과나 포상을 주기 전 면담을 통해 보상에 관해 안내한다. 그리고 보상을 준다. 이를 조건자극으로 활용한다. 그리하면 '적극적 수동인'에서 '소극적 수동인'으로 일정 기간은 변화시킬 수 있다. 핵심은 보상에 관한 안내를 조건자극으로 만드는 것이다. 그렇게 되면 고과 시기에 받을 수 있다는 분위만으로도 조건반응을 보일 것이다. 그럼 최소한 그 기간만큼이라도 동료들은 적극적 수동인이 주는 스트레스에서 벗어날 수 있다. 또한, 어느 정도의 협업을 기대할 수 있다.

그렇다고 협업이 필요한 일을 지정해서는 안 된다. 협업하는 동료가 힘들어지기 때문이다. 협업하면서 발생하는 문제는 해결할 수도 없다. 동료가 이해(강요된 이해에 가깝다)하고 끝내는 방법밖에 없다. 혼자 수행할 수 있는 업무를 지정해 주어야 한다. 그렇다고 시간이 오래 걸리거나 고심해야 하는 업무여서는 안 된다. 그리고 업무에 대한 평가는 금물이다. 단지 기계적인 칭찬이면 족하다. "무엇이 좋았네.", "무엇은 아쉬웠네." 같은 건설적인 피드백은 커다란 문제를 초래할지도 모른다. 결론적으로 적극적 수동인에게는 무엇을 바라다는 생각은 순진한 것이며, 이들을 긍정적으로 변화시키겠다는 마음은 어리석은 것이다. 이들을 빨리 인지하고 대응 전략을 수립하는 것이 정신 건강에 좋다.

08 과정 속 즐거움

업무를 진행하는 과정에는 다양한 과제가 있으며, 그 과제에는 여러 직장인이 관계되어 있다. 이 관계는 주로 회의를 통해 형성되며, 그 과정에서 직장인들이 느낄 수 있는 다양한 즐거움이 있다. 새로운 동료를 만날 수 있는 기회가 주는 설렘, 동료관계 형성이 주는 안정감, 문제해결에서 오는 성취감, 문제를 공유하고 있는 동료가 주는 든든함 등이 있다.

업무 과정에서 느끼는 즐거움은 직장인에게 중요한 에너지가 된다. 이 즐거움은 업무라는 필수 조건이 있을 때 경험할 수 있다. 따라서 업무의 소중함을 알고 이를 유지하기 위해 업무를 거부하기보다는 받아들이는 긍정적인 태도가 필요하다.

자기결정이론(Self-Determination Theory)에 따르면 인간은 기본적으로 자율성, 유능감, 관계성이라는 세 가지 기본 심리적 욕구가 있다. 이 욕구들이 충족될 때, 개인은 더 큰 동기 부여와 심리적 웰빙을 경험하게 된다. 업무 과정에서 느끼는 즐거움은 이러한 심리적 욕구를 충족시키는 중요한 요소이다.

새로운 사람을 만나고, 새로운 시각으로 업무를 논의하며, 그 과정에서 자신의 의견을 표현할 기회는 자율성을 높인다. 자율성은 개인이 본인의 행동에 대해 스스로 결정하고 통제할 수 있다는 느낌을 의미한다. 이러한 자율성이 높아질 때, 직장인은 더 큰 만족감을 느끼게 된다.

또한, 업무 과정에서 발생하는 문제를 해결하기 위한 논의는 직장인에게 자신의 능력을 확인하고 발전시킬 기회를 제공한다. 문제를 해결하는 과정에서 느끼는 성취감은 유능감을 높이며, 이는 직장인의 자기효능감을 강화한다.

그리고 새로운 사람을 만나고, 함께 문제를 공유하고 논의하는 과정은 직장인 간의 관계성을 강화한다. 관계성은 개인이 다른 사람들과 연결되어 있고, 소속감을 느끼는 것을 의미한다. 이러한 관계성은 직장 생활에서 중요한 사회적 지원망을 형성하는 데 도움을 준다.

따라서 업무 과정에서 느끼는 즐거움은 단순한 일시적인 기쁨이 아니라, 심리적 욕구를 충족시켜 직장인의 전반적인 만족감과 동기부여를 높이는 중요한 요소이다. 직장인들이 업무를 소중하게 받아들이고, 즐거움을 느낄 수 있도록 업무 환경을 조성하는 것이 중요하다.

09 경험학습이론으로 본 어려움을 통한 성장

업무 중에는 다양한 어려움이 발생한다. 이러한 어려움은 때로 좌절감을 주지만, 동시에 도전 정신을 불러일으킨다. 도전 정신으로 어려움을 극복했을 때 우리는 한 단계 성장하게 된다. 이는 어려움이라는 경험이 성장을 촉진하는 중요한 요소로 작용하기 때문이다.

경험을 통한 학습과 성장은 심리학과 교육학 분야에서 오랫동안 중요한 연구 주제였다. 수많은 연구자가 경험을 통해 사람들이 어떻게 배우고 성장하는지를 설명하는 이론을 제안했다. 대표적인 이론들은 듀이(Dewey)의 경험이론, 피아제(Piaget)의 인지발달이론, 비고츠키(Vygotsky)의 사회문화적 발달이론, 콜브(Kolb)의 경험학습이론이 있다. 이들 이론은 서로 상호 보완적이며, 시대적 배경 속에서 경험의 중요성을 강조한다.

듀이는 그의 저서 《Experience and Education》에서 경험이 교육의 핵심 요소라고 주장했다. 그는 사람들이 문제를 해결하는 과정을 통해 학습한다고 보았으며, 이러한 경험은 반성적 사고를 촉발하여 지속적인 성장을 이끈다고 설명했다. 듀이의 이론에 따르면, 경험을 통해 얻게 되는 반성적 사고는 개인의 능력을 지속적으로 발전시키는 데 중요한 역할을 한다. 예를 들어, 회사의 한 직원이 새로운 소프트웨어를 도입하는 과정에서 겪는 어려움을 통해 사용법을 익히고, 이를 바탕으로 더 효율적인 업무 수행 방안을 찾게 된다. 이 과정에서 직원은 문제를 해결하면서 실제 업무에 적용할 수 있는 중요한 기술과 지식을 습득하게 된다.

피아제는 인지발달이 새로운 정보와 기존의 인지구조 간의 불균형에서 비롯된다고 주장했다. 그는 어려움을 겪을 때, 기존의 지식과 새로운 도전에 대한 정보를 통합하기 위해 인지적 조정을 하게 된다고 보았다. 이러한 과정은 우리의 사고 능력을 확장하고, 더 높은 수준의 인지적 기능을 발달시킨다. 피아제의 이론에 따르면, 인지적 불균형은 학습과 성장을 촉진하는 중요한 촉매제이다.

비고츠키는 사회적 상호작용이 학습과 발달에 중요한 역할을 한다고 강조했다. 어려운 문제를 해결하는 과정에서 동료와의 협력과 상호작용은 지식의 공동 구축을 촉진하고, 이를 통해 개인의 인지적 능력이 확장된다. 비고츠키의 이론에 따르면, 사회적 상호작용은 고차원적 사고와 문제해결 능력을 발달시키는 데 필수적이다. 예를 들어, 한 개발팀이 새로운 소프트웨어를 개발하는 동안 복잡한 문제를 해결하기 위해 함께 브레인스토밍을 하고 아이디어를 교환한다. 이 과정에서 각 팀원은 서로의 지식과 기술을 배우고, 협력하여 문제를 해결하는 능력을 키운다.

콜브는 경험학습이론에서 학습을 구체적인 경험, 반성적 관찰, 추상적 개념화, 능동적 실험이라는 네 가지 단계로 설명했다. 콜브의 이론은 사람들이 경험을 통해 어떻게 학습하고 성장하는지를 설명하며, 특히 실제 업무 현장에서 문제를 해결하는 과정에 적용된다. 콜브의 경험학습이론에 따르면, 경험을 통해 얻은 교훈은 지속적인 학습과 성장을 가능하게 한다. 예를 들어, 프로젝트팀이 예상치 못한 문제를 겪게 되면 팀원들은 그 문제를 경험하고 반성적 관찰을 통해 무엇이 잘못되었는지 분석한다. 이후, 새로운 개념을 개발하고 이를 실험적으로 적용함으로써 문제를 해결하고 더 나은 결과를 도출하게 된다.

어려운 상황에서는 기존의 방법이 통하지 않는 경우가 많다. 이때 새로운 해결책을 모색하며 창의적으로 문제를 해결하기 위해 단계적으로 분석하고 해결 방안을 찾는 과정에서 논리적 사고와 창의성이 발휘된다. 창의적인 문제해결은 업무 능력을 강화하고, 이를 통해 더 나은 결과를 도출할 수 있게 된다. 예를 들어, 프로젝트가 예상치 못한 기술적 문제로 중단되었을 때, 팀은 기존의 접근 방식을 재평가하고 새로운 기술이나 방법론을 도입하여 문제를 해결할 수 있다. 이 과정에서 팀원들은 최신 기술에 대한 이해도를 높이고, 문제해결에 필요한 다양한 접근 방식을 배우게 된다.

이와 같이 어려움을 극복함으로써 성장하는 이유는 여러 교육학과 심리학적 이론으로 설명될 수 있다. 대표적으로 듀이의 경험이론, 피아제의 인지발달이론, 비고츠키의 사회문화적 발달이론, 콜브의 경험학습이론이 있다. 이러한 이론들은 단순히 학습의 과정을 설명하는 데 그치지 않고, 실제 업무 현장에서의 문제해결과 개인의 성장에 직접적으로 적용된다. 어려움을 극복하고 문제를 해결하는 과정을 통해 더 나은 해결책을 찾고, 새로운 기술을 습득하며 협업 능력이 향상된다. 이러한 경험들은 우리의 업무 능력을 한 단계 끌어올리는 중요한 발판이 된다.

10 유능함은 쉽게 표현하며 같이 일하고 싶은 대상

직장에서 유능함을 나타내는 것은 매우 중요하다. 현대의 직장 환경은 경쟁이 치열하며 빠르게 변화하고 있다. 이러한 환경에서 성공하기 위해서는 뛰어난 직무 역량이 필요하다.

관련 연구에 따르면, 업무 성과가 뛰어난 직원은 조직 내에서 더 높은 안정성과 신뢰를 받는다. 이는 직무 역량이 뛰어난 직원이 변화에 빠르게 적응하고 문제를 효과적으로 해결할 수 있기 때문이다. 따라서 뛰어난 능력은 직장에서 생존하고 성장하기 위한 기본적인 조건이다. 또한, 유능함은 개인의 커리어 발전에도 중요한 요소이다. 카펠리(Cappelli)는 개인의 직무 역량이 조직 내에서의 경력 개발과 직접적으로 연관되어 있음을 강조했다. 직장에서 능력을 보여 주는 직원은 더 많은 교육 기회와 경력 개발 프로그램에 접근할 수 있으며, 이는 장기적인 경력 성취에 긍정적인 영향을 미친다. 능력 있는 직원은 더 많은 기회를 얻고, 더 높은 위치에 오를 가능성이 크다.

능력을 드러내는 것은 단순히 개인의 능력을 나타내는 것만은 아니다. 이는 직장 내에서의 원활한 업무 수행과 협력을 위해서도 필요하다. 유능함을 적절하게 드러내면 동료들 간의 신뢰가 쌓이고 팀 전체의 성과가 향상된다. 그러나 한국 사람들은 자신의 장점을 말하거나 어떤 업무를 잘한다고 어필하기를 힘들어하는 경향이 있다. 이는 겸손과 조화를 중시하는 문화적 특성에서 기인할 수 있다. 반면, MZ세대는 자신의 유능함을 더 잘 표현하는 경향이 있다. 연구에 따르면, 이들은 소셜미디어와 같은 플랫폼을 통해 자신의 성과와 능력을 적극적으로 알리며, 직장 내에서도 자신의 기여를 명확히 드러낸다. 이러한 태도는 팀 내에서 자신감을 높이고 동료들과의 원활한 소통을 가능하게 한다.

그러나 지나치게 그 능력을 자랑하거나 동료들의 실수를 강조하는 방식은 오히려 관계를 악화시킬 수 있다. 한 연구에 따르면, 이러한 행동은 동료들에게 열등감과 스트레스를 유발할 수 있으며, 이는 직장 내 갈등과 불신을 초래한다.

유능함은 다른 사람을 배려하고 존중하는 태도를 통해서도 충분히 드러낼 수 있다. 예를 들어, 프로젝트를 진행하면서 동료들의 의견을 적극적으로 수렴하고 그들의 기여를 인정하는 태도가 중요하다. 이렇게 하면 동료들이 상처받지 않고 오히려 더 나은 관계를 형성할 수 있다.

능력을 드러낼 때는 동료들이 상처받지 않도록 주의해야 한다. 지나친 자기과시나 비판은 부정적인 결과를 초래할 수 있다. 따라서 능력을 드러낼 때는 협력적이고 긍정적인 태도를 유지하는 것이 중요하고 동료들의 의견을 존중하고 그들의 기여를 인정하는 표현이 좋다. 예를 들어, "이번 프로젝트에서 많은 도움을 받았습니다.", "당신의 아이디어가 정말 도움이 되었습니다."와 같은 표현은 동료들의 자존감을 높이고 긍정적인 관계를 형성하는 데 도움이 된다. 또한, 사신의 성과를 공유할 때는 팀의 성과를 강조하는 것이 좋다. "우리 팀이 함께 노력해서 이룬 결과입니다."와 같은 표현은 개인의 유능함을 드러내면서도 팀의 협력을 강조할 수 있다.

능력은 동료들이 배우고 싶어 하고 같이 일하고 싶은 대상으로 인식될 때 진정한 능력이 된다. 능력 있는 직장인은 자신의 지식을 쉽게 전달하고 다른 사람들이 함께 일하고 싶어 하는 환경을 만든다. 이는 단순한 기술적 능력을 넘어서 인간관계를 형성하고 팀워크를 촉진하는 능력까지 포함하는 것이다. 맥킨지에서는 높은 성과를 내는 팀은 강력한 인간관계와 협력을 기반으로 한다고 강조한다. 이는 팀원들이 서로 신뢰하고 소통할 수 있을 때 팀의 유능함이 극대화됨을 보여 준다. 또한, 직장에서의 유능함은 개인의 커리어 발전뿐만 아니라 조직 전체의 성과에도 긍정적인 영향을 미친다.

결론적으로, 직장에서의 유능함은 단순히 전문 용어를 사용하거나 기술적인 능력을 자랑하는 것이 아니다. 업무의 유능함을 표현하되, 동료들이 마음의 상처를 입지 않고 같이 일하고 싶어 하는 동료가 되는 것이다. 그리고 자신의 지식을 쉽게 전달하고 동료들이 함께 일하고 싶어 하는 환경을 제공하는 것이다. 무엇보다도, 유능함을 드러낼 때 동료들이 상처받지 않도록 배려하고 존중하는 태도가 필요하다.

2장
관계와 신뢰성

2장 스토리텔링

　직장인에게 있어서 평판은 단순한 소문이 아닌, 신뢰성과 진실성을 확보해야 하는 중요한 과제이다. 이는 조직 내 자신의 신뢰를 유지하기 위함이다. 또한, 인간관계 형성에 중요한 요소이다. 그리하여 상호 존중과 이해를 바탕으로 인간관계를 형성함으로써 직장에서의 갈등을 줄이고, 긍정적인 환경을 조성할 수 있다.
　그 환경 안에는 일종의 안전지대가 형성된다. 그곳에는 나의 결핍을 채워 줄 수 있는 동료가 있고, 내가 도와줄 동료가 있다. 그러나 그곳을 교묘하게 이용하는 동료도 있다. 이들은 친구(Friend)라 말하면서 협조나 도움을 빙자한 업무 떠넘기기를 하거나, 거리감 있는 동급생(Classmate) 같은 동료는 직장 문화에 좋지 않다는 선입견을 주면서 친구 같은 동료니깐 이해해 주길 바란다며 이를 강요한다. 그리고 이를 동의하지 않으면, 직장 문화를 해치는 이로 소문을 낸다. 그렇기에 그 동료를 친구(Friend)와 동급생(Classmate)으로 구분할 필요가 있다. 친구(Friend)는 친하게 어울려 오래 사귀어 정이 두터운 관계이며, 동급생(Classmate)은 같은 학급이나 학교에 다니며 학업 환경을 공유하는 사람의 관계로 정의할 수 있다. 이를 직장에 적용해 보면 직장동료(Fellow worker)는 동급생(Classmate)에 가깝다. 이렇게 구분하면 업무 과정에서 마음의 상처를 덜 받을 수 있다.

또한, 본인의 감정에 따라 의사를 결정하는 상사를 만났을 때 상사의 감정이 자신에게 전이되기에 앞서 설명한 친구의 개념을 구분해야 한다. 상사는 친구(Friend)가 아니다. 따라서 상사에게 득이 되는 업무 성과를 내어 상사의 감정을 좋게 유지하는 것이 직장 생활에 도움이 된다.

이렇게 보면 무의식적 인식을 통해 동료의 마음을 이해하고 배려하는 능력을 갖춘 상사가 직장에서 얼마나 귀중한 자산인지 새삼 알게 된다. 특히 이런 상사는 직원의 성장을 위해 고민하고 연구한다. 그 고민은 성장을 지원할 것인가, 성장을 시킬 것인가이다. 그러면서 개인의 학습 동기 유형이 무엇인지 파악하고 이에 맞추어 교육을 진행하고자 노력한다.

신입사원도 고민과 반성을 하는 상사와 선배를 만난다면 고민과 반성을 해야 한다. 그리하면 서로를 더욱 이해하고 교감할 수 있다. 운이 좋다면 친구가 될 수도 있다.

01 평판의 진실과 신뢰성

'평판'이란 소문이다. 근원지를 확인할 수 있거나 없는 경우에도, 직장에서는 모두 평판이라 말한다. 소문은 시간이 지나면서 사실로 받아들여지게 되고, 주변 동료의 귀로 들어가 정설로 자리 잡게 된다. 거기에 더해 감정과 상상이 합쳐져 새로운 장르까지 만들어 내기도 한다. 예를 들어, "그 사람과 있으면 힘들다.", "그 사람은 문제가 있다.", "그 사람은 화합이 안 된다.", "그 사람은 특이하다." 등의 소문이 그렇다. 이 중 하나를 풀이하자면 이렇다. "그 사람과 있으면 힘들다."라는 말의 본질은 일하지 않고 월급을 받는 사람이 느끼는 감정이다. 그의 입장에서는 사실이다. 그러니 사실이라는 정의로 전달되니 임팩트가 있다. 그러나 그 내막에 관심 있는 이는 회사 어디에도 없다. 이도 사실이다.

이에 반해 긍정적인 연구도 있다. 던바(Dunbar)에 따르면 소문은 인간 사회에서 중요한 역할을 한다. 소문은 사회적 관계를 이해하고 유지하는 데 중요한 도구로 사용되며, 그 이유는 다음과 같다.

첫째, 소문은 사회적 결속력을 강화한다. 소문은 사람들이 서로의 행동과 사건에 대해 정보를 공유하게 하여, 집단의 결속력을 강화한다. 소문을 통해 개인은 자신의 사회적 환경에서 일어나는 일들을 이해하고, 이를 기반으로 행동할 수 있다. 이는 집단 내에서의 규범과 기대를 강화하는 데 도움이 된다. 둘째, 소문은 비공식적인 정보 전달의 수단으로 작용한다. 공식적인 소통 경로가 없거나 제한적인 경우, 소문은 중요한 정보를 빠르게 전달하는 역할을 한다. 이는 특히 직장이나 커뮤니티에서 중요한 역할을 한다. 셋째, 소문은 사회적 통제의 수단으로 작용할 수 있다. 특정 행동이나 사건에 대한 소문이 퍼지면서 집단 내 구성원들은 해당 행동이 받아들여지는지, 아니면 비난받는지를 알게 된다. 이를 통해 사람들은 사회적 규범에 맞추어 행동하려는 동기를 가지게 된다. 던바는 이러한 소문이 단순히 부정적이지만은 않으며, 사회적 상호작용 및 관계 형성에 중요한 역할을 한다고 주장하였다. 소문을 통해 사람들은 서로의 행동에 대한 피드백을 주고받으며, 이를 통해 사회적 네트워크를 강화하고 유지한다는 것이다.

이렇듯 회사 내에서 발생하는 평판 또는 소문은 긍정적인 역할과 부정적인 역할을 한다. 따라서 평판과 소문의 신뢰성을 어떻게 확보할지가 중요하다. 그 방법은 다음과 같다.

첫째, 소문을 전한 사람을 차례대로 3명 정도 역추적하면 순환적 소스인지 아니면 수직적 소스인지 가늠할 수 있다. 이를 통해 한 사람의 이야기가 전체인 양 퍼졌는지, 다수의 이야기인지 확인할 수 있다. 예를 들어, 한 직원에 대한 부정적인 소문이 여러 사람에게서 나왔다면 그 소문의 출처를 역추적하여 확인하는 과정이 필요하다. 이를 통해 소문이 단순한 개인의 의견인지, 다수의 의견인지를 파악할 수 있다.

둘째, 이야기의 내용이 행동 중심적 내용인지 감정 중심적 이야기인지 구분이 필요하다. 행동 중심이라면 2명 이상의 관찰자가 공통된 의견인지를 검증한다. 감정 중심적 내용이라면 그 과정을 청취하거나 유추하여 당사자와의 대화를 통해 본질의 검증 절차를 거치면 된다. 예를 들어, '그 사람은 일을 대충한다.'라는 소문이 있다면, 여러 사람이 실제로 그 사람이 일을 대충하는 모습을 관찰했는지 확인해야 한다.

셋째, 소문을 청취한 사람을 시간 기준으로 그룹화하고, 인지한 장소 기준으로 2차 분류한다. 그 후 이야기의 오염성을 확인한다. 조미료를 제거하고 평판을 분석, 확인한다. 특히 인지한 장소가 오프라인이 아닌 온라인이라면 근원지가 확실하기에 정확한 상황을 확인할 수 있다. 예를 들어, 한 회의에서 나온 이야기가 소문으로 퍼졌다면, 그 회의에 참석한 사람들이 누구인지, 그들이 그 이야기를 어디서 들었는지 확인하는 과정이 필요하다.

인과관계를 확인하고 인지하는 과정이 필요하다. 그렇지 않으면 의심이 확신으로 변해 자신도 모르게 소문, 평판을 사실로 인지하게 된다. 그렇지 않고 인정한다면, 사실을 떠나 본인도 그런 상황에 놓일 수 있거나, 그 그룹과 별반 차이 나지 않는 인간에 지나지 않는다는 것을 입증하는 것이다.

결론적으로, 평판은 단순한 소문이 아닌, 신뢰성과 진실성을 확보해야 하는 중요한 과제이다. 이를 위해 소문의 근원지를 확인하고, 행동 중심적 이야기와 감정 중심적 이야기를 구분하며, 소문의 오염성을 분석하는 과정이 필요하다. 이러한 과정을 통해 평판의 진실성을 확보하고, 조직 내 신뢰를 유지할 수 있을 것이다.

그리하면, 나일 수도 있는 그 사람을 지켜 줄 수도 있다.

02 직장에서의 인간(Human)과 사람(Person)

직장 생활에서 직장인은 다양한 인간관계를 경험한다. 그 인간은 단순히 호모 사피엔스만을 뜻하지 않는다. 생물학적 관점에서 인간은 호모 사피엔스라는 종으로 지능을 갖추고 도구를 사용하며, 사회적 구조를 형성하는 존재이다. 그리고 철학적 관점에서 인간(Human)은 생각하고, 반성하고, 부끄러움을 아는 존재로 말할 수 있다. 이러한 인간적 속성을 가진 존재로서의 인간은 복잡한 감정과 윤리적 사고를 통해 타인과의 관계를 형성한다.

그러나 직장에서의 많은 인간관계 문제는 이런 인간적 관계에서 발생하지 않는다. 오히려, 사람(여기서는 'Person'으로 이익과 권력을 추구하거나 소유하고 있는 이를 의미함)으로서의 관계, 즉 집단 속에서의 역할과 상호작용 관계에서 비롯된다. 사람은 사회적 존재로서 집단 내에서 다양한 역할을 하며, 그 과정에서 갈등이 발생할 수 있다. 인간 유형을 성별, 성격, 지능, 학벌, 권력 등으로 구분할 수 있다. 이러한 구분은 생각보다 명확하여 관계 문제의 주요 원인이 되지 않는다. 예를 들어, 상사와 부하직원의 관계를 권력이라는 기준으로 보면 문제가 되지 않는다. 즉, 상사라는 인간과 부하직원이라는 인간으로 정의하면 이들 간엔 관계 문제가 발생하지 않을 것이다.

상사는 직장 내에서 직무능력, 관리능력, 성품, 인품을 두루 갖춘 인재이다. 부하직원은 상대적으로 상사에 비해 이러한 능력이 부족하여 상사에게 배우고 학습하면서 발달, 성장하고자 하는 인간이다. 이런 태도를 갖추지 못한 상사와 부하직원 간의 관계에서 문제가 발생한다면, 원인은 쉽게 파악할 수 있다. 예를 들어, A라는 상사는 자신의 직무능력과 권력을 과시하며 부하직원들에게 명령을 내리는 스타일이다. 반면, B라는 부하직원은 상사의 지시를 무조건 따르는 태도를 보인다. 이러한 관계는 다음과 같이 설명할 수 있다. A는 부하직원들의 의견을 무시하고, B는 상사의 명령에만 의존하게 된다. 결국 팀의 성과는 저하되고, 인간관계는 악화된다. 또 다른 예로, C라는 상사는 자신의 경험과 지식을 부하직원들과 공유하며, 그들의 성장을 돕는다. D라는 부하직원은 상사의 조언을 적극적으로 받아들이며, 본인의 능력을 향상시킨다. 이러한 관계에서는 긍정적인 상호작용이 발생하며, 팀의 성과는 높아진다.

사회계약설에 따르면, 개인들은 상호 간의 협력과 존중을 통해 사회적 계약을 맺고, 이를 통해 사회의 질서를 유지한다. 직장 내에서도 마찬가지로 인간(Human)과 사람(Person)의 역할을 명확히 이해하고, 상호 간의 기대와 의무를 준수함으로써 조직의 조화와 성과를 끌어낼 수 있다. 그러나 인간(Human)과 사람(Person)을 인간(Human)으로 혼용하여 사용하거나 관념적 인간(Human)으로 생각하여 관계를 형성하게 되면 도덕성이라는 거대한 파도를 맞게 된다. 그렇게 되면 그 실체도 없는 도덕성은, 사람(Person)이 인간

(Human)을 조련하거나 이용하는 수단으로 전락하게 된다.

  결론적으로, 직장에서의 인간관계는 단순히 상사와 부하직원의 관계를 넘어선다. 인간(Human)관계와 사람(Person)관계로 구분하여, 각 관계에 맞는 접근 방식을 취하는 것이 중요하다. 상호 존중과 이해를 바탕으로 한 인간관계를 형성함으로써 직장에서의 갈등을 줄이고, 긍정적인 환경을 조성할 수 있을 것이다. 생물학적 인간으로서의 특성과 철학적 인간 그리고 사회계약설 인간으로서의 속성을 모두 고려할 때, 우리는 더 나은 직장 문화를 만들 수 있다.

03 상호 의존의 미학

  상호 간에 의지할 수 있는 이유는 나의 결핍을 상대가 채워 줄 수 있고, 상대의 결핍을 내가 채워 줄 수 있다는 믿음 때문이다. 그러면 나도 다른 사람에게 의지할 수 있고 동료도 나에게 기댈 수 있다.

  헬렌 켈러(Helen Keller)는 "혼자서는 우리가 할 수 있는 것이 매우 적지만, 함께라면 우리가 할 수 있는 것은 무궁무진하다."라고 말하며 상호 의존과 협력의 중요성을 강조했다. 이와 비슷하게 영국 시인이자 성공회 신부인 존 던(John Donne)은 "인간은 섬이 아니다."라는 말로 인간은 사회적 존재로서 서로 의존하며 살아가야 한다는 점을 상기시켰다. 프레자(Prezza)와 동료 연구자들은 공동체 의식이 개인의 행복과 삶의 질에 미치는 영향에 관한 연구에서 공동체 의식이 강할수록 개인의 행복감과 삶의 만족도가 높아진다는 결과를 보여 주었다. 또한, 웬첼(Wentzel)과 왓킨스(Watkins)의 연구는 학생들 간의 긍정적인 상호 지원이 학습 동기와 성과를 향상하는 데 중요한 역할을 한다고 밝혔다. 예를 들어, 프로젝트를 진행할 때 각 팀원의 전문 지식과 기술이 합쳐져야 성공적으로 목표를 달성할 수 있다. A 팀원은 기획과 전략 수립에 뛰어나고, B 팀원은 기술적 구현에 능하며, C 팀원은 데이터 분석에 강점이 있다. 이들은 각자의 강점을 발휘하여 서로의 부족한 부분을 보완해 주면서 프로젝트를 성공시킨다. 만약 팀원들이 서로 협력하지 않고 각자 독립적으로 일하려 한다면, 프로젝트의 성공은 매우 어렵거나 불가능할 것이다.

또한, 일상생활에서도 상호 의존은 중요한 역할을 한다. 한 이웃이 병원에 가야 하는 상황에서 다른 이웃이 아이를 돌봐 주는 예를 들 수 있다. 이와 같은 상호 의존은 공동체 내에서 신뢰와 유대감을 형성하며, 어려운 상황에서 도움을 주고, 받을 수 있는 환경이 된다.

04 직장동료와의 건강한 관계 형성

공교육을 받은 직장인이라면 학교 친구와 친하게 지내라는 선생님과 부모님의 말씀을 듣고, 그들과 친구가 되고자 노력했을 것이다. 그래서인지 직장에서도 동료 모두와 친구 관계를 맺으려 노력한다. 그리고 친하지 않으면 불편한 관계로 생각한다. 이런 생각들로 인해 동료관계 형성을 목표로 설정하는 이들도 있다.

'가족 같은 회사에서 가족 같은 동료와 즐겁게 일하기.'

그러나 이런 관념화된 관계는 개인과 구성원 모두에게 어려움이 되기도 한다. 따라서 친구라는 개념을 친구(Friend)와 동급생(Classmate)으로 구분할 필요가 있다. 친구(Friend)는 친하게 어울리면서 오래 사귀어 정이 두터운 관계이며, 동급생(Classmate)은 같은 학급이나 학교에 다니며 학업 환경을 공유하는 사람으로 정의할 수 있다. 이를 직장에 적용해 보면 직장동료(Fellow worker)는 동급생(Classmate)에 가깝다. 따라서 직장에서는 먼저 동급생(Classmate) 관계를 형성한 후 친구(Friend)로 확장해야 한다. 그렇지 않고 친구라는 큰 개념으로 묶는다면 개념의 차이에 따라 관계 형성에 혼선을 줄 수 있다.

부서 동료 사이에는 말도 많고 관심도 많고 탈도 많다. 그도 그럴 것이 문화, 세대, 지역, 성별, 전공, 대학 등 개별적 특성이 다양하기 때문이다. 그래서인지 문화 충돌이 발생하곤 한다. 그 충돌이 발생하지 않는 것이 좋지만, 현실적으로 불가능하다. 그렇기에 상호 간 이해와 배려가 요구된다. 그렇게 된다면 직장에서 소중한 친구를 만들 수 있을 것이다. 클라크(Clark, D. B.)와 마르티네즈(Martinez-Garza, M.)의 연구에 따르면 학교에서 친구와의 상호작용이 학업 성취와 밀접한 관련이 있음을 보여 주었다. 이는 직장에서도 마찬가지로, 동료관계가 업무 성과와 만족도에 긍정적인 영향을 미칠 것을 예상할 수 있다.

직장 내에서 모든 동료와 친구가 되는 것은 현실적으로는 어려운 일이다. 대신, 동급생과 친구의 개념을 명확히 구분하고, 각각의 관계에서 기대하는 바를 명확히 할 필요가 있다. 그리하여 동급생 관계는 주로 업무 수행에 초점을 맞추고, 친구 관계는 정서적 지지와 신뢰를 바탕으로 한 깊은 유대감 형성에 집중한다면 직장 생활에 도움이 될 것이다.

05 일관성과 가변성 관점에서의 인간관계

일관성의 사전적 의미는 '하나의 방법이나 태도로써 처음부터 끝까지 한결같은 성질'을 말한다. 이를 인간관계에 적용해 보면 다음과 같다. '그는 한결같다.', '그는 변하지 않는다.', '그는 그대로이다.' 즉, 일관성 있는 인간관계란 상대를 대하는 방법이나 태도가 한결같다는 것으로 정의할 수 있다.

가변성의 사전적 의미는 '일정한 조건이나 상황에서 변하는 성질'이다. 이를 인간관계에 적용해 보면 이렇다. '그는 도통 알 수가 없다.', '그는 왜 그렇게 행동하지?', '왜 그가 말하는 것과 행동하는 것이 다를까?' 즉, 가변적 인간관계는 태도가 한결같지 않다는 것으로 정의할 수 있다.

이러한 성향은 업무에도 발현된다. 그래서 이들이 업무를 수행하다 보면 필연적으로 문제가 발생한다. 이때 가변적인 태도를 가진 사람이 보통 문제의 원인을 제공한다. 그리고 문제의 해답은 늘 일관성 있는 이들이 제안한다. 해답은 가변적인 태도를 갖고 있는 이들이 제기한 문제를 해결하기 위해 그들의 요구조건을 들어주는 방향으로 귀결된다. 다음에 이런 문제를 만들지 않기 위해 일관성 있는 이들은 지침이나 프로세스로 정형화한다. 그러나 그때뿐이다. 왜냐하면 가변성이 있는 새로운 동료가 투입되기도 하고 가변성 있는 이들은 업무 아이템이나 상황이 다르면 다시 문제를 제공하기 때문이다. 이런 과정이 몇 번 반복되면 제목은 다르지만, 내용이 비슷한 수많은 업무 지침이 만들어진다. 이런 업무 지침 속에서 그들 간의 인간관계도 다시 형성된다. 그 인간관계에서도 일관성과 가변성은 충돌하고 문제해결이 반복된다. 그 반복에서 한쪽은 승리의 기쁨을 만끽하고, 한쪽은 마음의 상처를 입는다.

이러한 상황을 인간관계와 업무관계로 구분하여 일관성과 가변성의 특징과 행동 유형으로 정리하면 다음과 같다.

유형		일관성을 지닌 사람	가변성을 지닌 사람	해결 방법
인간 관계	의사 소통	일관성과 예측 가능성을 중요시하여 명확하고 지속적인 의사소통	의견을 자주 바꾸고 즉흥적 의사소통	명확한 의사소통
	갈등	변덕스러운 행동에 스트레스를 받거나 불안감을 느낌	동일한 업무 방식에 답답함을 느낌	유연성

유형		일관성을 지닌 사람	가변성을 지닌 사람	해결 방법
업무 관계	업무 진행 방식	계획적이고 체계적으로 일을 진행	상황에 따라 접근 방식을 변경	역할 분담
	협업	팀워크와 협력을 중시하며 계획에 따른 협업	개인적이고 독립적인 방식으로 진행하는 업무 선호	중재와 조정

문제를 해결하기 위해서는 어렵겠지만 다음과 같이 실행해 보기를 권한다.

첫째, 명확한 의사소통으로 기대와 업무 방식을 정확히 정의하고, 진행하는 과정에 발생하는 의견은 확실하게 교환한다. 둘째, 유연성을 갖고 한결같은 사람은 변화를 어느 정도 수용하고, 가변성이 있는 사람은 일관성을 높이기 위해 노력한다. 셋째, 역할 분담을 통해 각자의 강점을 살려 업무를 분담한다. 때에 따라 시너지 효과를 낼 수 있다. 넷째, 리더가 중재하고 조정하여 균형을 맞춘다.

앞선 내용을 보면 이들이 함께 근무하는 경우 부정적 문제가 발생한다고 느낄 수도 있다. 그러나 긍정적인 면도 있다. 일관성의 긍정적인 면은 신뢰 구축, 예측 가능성, 안정성, 효율성에 긍정적 영향을 미친다. 가령, 리더가 일관된 태도와 결정 방식을 유지하면 리더를 신뢰할 수 있고, 일관된 절차와 방법을 사용하면 안전감을 줄 수 있다. 이는 효율성을 높이는 요인으로 작용한다. 그리고 가변성의 긍정적인 면은 창의성, 혁신 촉진, 유연한 문제해결, 적응력에 긍정적 영향을 미친다. 가령, 갑작스러운 상황 변화에 가변성은 새로운 아이디어를 제안하고 창의적인 해결책을 찾고, 예기치 못한 문제나 빠른 대응이 필요할 경우 유연하게 문제를 해결할 수 있다. 이는 급변하는 사회에 빠르게 적응할 수 있게 한다.

이런 긍정적인 면을 활용하여 상호 간 협업을 하는 경우 안전성과 혁신을 균형 있게 유지할 수 있어 효율적으로 프로젝트를 운영할 수 있다. 이런 시너지 효과를 다음과 같이 경제인과 경제학자가 말하였다. 고객 참여 및 매출 성장을 위한 전략적 조언을 제공하는 회사인 'Winning by Design'의 부사장 더그 허튼(Doug Hutton)은 "다른 사람들과의 충돌은 창의성의 씨앗을 뿌린다."라고 말하였다. 그리고 《The Five Dysfunctions of a Team》의 저자이며 팀워크와 리더십 분야 컨설턴트인 패트릭 렌치오니(Patrick Lencioni)는 "팀워크는 충돌의 조절에서 시작된다."라고 하였다. 위의 말처럼 문제는 충돌에서 시작하여 창의성과 팀워크로 귀결될 수 있다.

동전의 앞뒷면이 있듯이 자신과 다른 성향의 동료를 부정적으로만 볼 필요는 없다. 가령, 다른 성향의 동료와 협업함으로써 자신이 미처 생각하지 못한 창의적 아이디어를 얻거나 유연한 대응을 배울 수 있다. 또는 계획과 약속된 프로세스의 업무 처리에서 안정감을 느끼고 팀워크를 향상시킬 수 있다.

자신의 성장에 도움이 되는 상대의 긍정적인 면을 찾아 이를 활용하는 것이 더욱 현명할 것이다. 또한 자신의 긍정적인 면을 상대에게 제공하여 상대로 하여금 이를 느껴 최고의 성과를 창출할 수 있는 계기를 주는 것이 현명할 것이다. 그렇게 된다면 모두가 성장할 수 있다.

06 직장에서의 감정 표현: 상사 VS 부하직원

직장에서 만나는 동료 중 본인의 감정에 따라 의사결정을 선택하거나 결정하는 경우가 있다. 그 동료가 상사일 경우, 부하직원은 상사의 감정을 살피게 된다. 그래서 상사의 기분을 보고 결재를 올릴지 말지를 결정하기도 한다. 예를 들어, 한 부서에서 프로젝트 마감일이 다가오고 있을 때, 상사의 기분이 좋지 않다면 부하직원은 결재를 올리는 시기를 조절하거나 상사의 기분을 풀기 위한 노력을 한다. 이는 상사의 감정이 주변으로 전달됨을 의미한다.

연구에 따르면, 직장 내에서의 감정 전달은 업무 성과와 팀 분위기에 큰 영향을 미친다. 골먼(Goleman)은 그의 책《Emotional Intelligence》에서 리더의 감정이 조직 내에서 전염되고, 리더의 감정 상태가 팀 전체의 성과에 영향을 미칠 수 있는지를 설명하고 있다. 또한, 바르사데(Barsade)는 감정 전염이 직장 내 상호작용에 미치는 영향을 연구하여, 리더의 감정이 팀원들에게 미치는 긍정적 또는 부정적 영향을 밝혀냈다. 이러한 연구들은 직장 내에서 감정 관리의 중요성을 강조하며, 감정이 어떻게 조직의 효율성과 생산성에 영향을 미칠 수 있는지를 보여 준다.

반대로, 부하직원의 감정이 상사에게 전달되는 경우는 매우 드물다. 상사는 이를 외면하거나 신경 쓸 여력이 없기에, 부하직원의 감정을 단순히 '그렇구나!' 정도로 인지하는 경우가 많다. 때로는 부서 분위기를 망친다는 핀잔을 하기도 한다. 따라서 부하직원은 기쁜 감정과 행복한 감정은 전달하되, 부정적인 감정은 숨겨야 한다. 그러나 슬픈 감정을 아예 표현하지 않으면, 동료나 상사에게서 "감정을 표현하지 않아 대하기 어렵다."라는 평가를 받을 수도 있다. 따라서 감정은 표현하되, 그 감정이 지나치게 전달되지 않도록 조절하는 것이 중요하다.

끝으로, 부하직원은 출근 전에 우울한 감정을 집에 두고 오는 것이 정신 건강에 좋다.

07 상사에게 득이 되는 업무로 시작하는 인간관계

직장에서의 인간관계 중 부하직원이 집중하는 상대는 당연히 상사이다. 물론 그 상사의 위치에 따라 집중도는 다르게 나타나지만, 그 관계에서 오는 심리적 압박감은 작다 할 수 없다. 이런 관계를 유지하기 위해서는 상사의 유형을 간파하고 그에 따라 관계를 형성해야 한다.

상사의 유형은 저마다의 시각으로 분류할 수 있다. 예를 들면, 리더십 유형, 직무수행 유형, 성격 유형 등으로 구분하고 각각의 유형에 따른 하부 유형을 정의하고 그에 따른 상관성, 차이점, 영향 등으로 분류할 수 있다. 따라서 제일 먼저 결정해야 하는 점은 상사를 어떤 관점에서 관찰할 것인가이다. 이를 위해서는 순위를 정해야 한다. 상사는 업무 성과, 부서 간 이해관계, 인성, 친분, 기타 수많은 요인 중에서 무엇을 우선하여 보는가이다. 당연히 모든 요인을 고려한다고 상사는 말할 것이다. 그러나 현실은 그렇지 않다. 핵심은 업무 성과이다. 만약 그렇지 않다면 회사 내에서 업무 성과를 중요하게 여기는 부서가 아니다.

가령 "이 과장은 업무 성과를 우수하게 평가받았다.", "박 과장은 업무 성과가 좋은데, 동료관계가 좋지 않아 높게 평가받지 못했다.", "최 과장은 업무 성과, 동료관계가 우수하지만, 협업 과정에서 타 부서와의 마찰이 있어 높게 평가받지 못했다." 과연 모든 점이 우수하여 높게 평가받을 수 있는 직장인이 있을지 의문이다. 그러나 주위를 보면 쉽게 답이 나온다. 예를 들면 모든 동료에게 좋은 사람이라고 평가받는 직장인이 업무 성과가 높을지 의문이다. 즉, 평판을 좋게 받기 위해서는 상호 간의 이해관계가 있거나, 자신의 업무 중 일부를 양보해야 한다. 따라서 평판과 실적은 양립할 수 없다. 다만, 실적과 일부 동료와의 평판은 양립할 수 있다.

다시 앞서 제시한 예시 중 박 과장에 대해서 살펴보면 다음과 같다. 박 과장의 평가에서 동료관계가 좋지 않다는 그 동료는 과연 누구인가이다. 모든 동료를 뜻하지 않을 것이다. 일부 동료이다. 그렇다면 평가자는 일부 동료의 평가로 직장인을 평가하는 것이 논리에 맞는지 질문하지 않을 수 없다.

그렇다. 상사의 평가 논리는 본인이 수행한 평가의 정당성을 위한 근거라기보다는 평가에 대한 불만을 불식시키기 위한 근거에 지나지 않는다. 이를 위해 부하직원의 약점을 강조한다.

그렇다면 이 과장은 왜 높은 업무 성과를 받을 수 있었을까? 그렇다. 그 업무 성과는 상사의 업무 성과에 긍정적 영향을 미치는 업무이다. 본인에게 득이 없는 업무 성과에 가뜩이나 없는 고과를 빼서 줄 수 없는 것이 현실이다.

정리하면 다음과 같다. 성과는 상사에게 득이 되는 업무 성과를 내며, 동료와는 좋은 관계까진 못해도 나쁜 관계까지 형성하지 않으면 된다.

08 감정을 외면하는 리더와의 관계

동료 중 특히 부하직원의 부정적 감정에 교감하고 반응하는 리더는 없다. 그렇게 할 수 없을 뿐만 아니라 굳이 그렇게까지 해 줄 필요도 없기 때문이다. 다만, 인지한 후 본인에게 피해가 가지 않는 선에서 전략을 짤 뿐이다. 부하직원도 마찬가지이다.

이런 관계에서 인간적인 미(Touches Of Humanity)를 찾는다는 것은 어리석은 일일지도 모른다. 하지만 이 어리석은 일 때문에 오늘도 고민하는 수많은 직장인이 있기에 여러 연구가 진행되고 있는지도 모르겠다. 그러나 확실한 것은 홀로 고민하는 직장인 주변에는 그런 고민하는 동료와 리더가 없다는 것이다. 그 근거는, 지금 혼자서 고민하고 있기 때문이다.

슬기롭게 생각한다면, 지금 같이 고민하는 동료와 리더가 없다면 당장 상대의 감정에 관한 고민의 고리를 끊어야 한다.

09 이런 동료는 만나기 어렵다

성공한 CEO나 인싸인 직장인 주변에는 동료들이 많다. 그 동료들은 업무를 공유하는 관계이다. 이때 업무뿐만 아니라 서로의 마음까지 공유하는 이들도 있다. 하지만 이러한 마음마저 공유하면서 업무를 진행하는 동료는 만나기 어렵다. 마음의 공유는 감각 정보(시각, 청각, 후각, 촉각), 감정적 반응, 사회적 단서(행동, 대화 내용, 신체 언어, 표정), 경험과 기억, 무의식적 인식 등을 통해 이루어진다. 무의식적 인식을 제외하고는 상대, 상황, 분위기 등을 인지하면서 이루어진다. 즉, 동료가 행동과 반응을 해야 인지할 수 있다. 그러나 이러한 감정을 표현하는 것은 본인의 단점으로 부각될 수 있기에 자제하는 경향이 있다. 또한, 동료가 먼저 말하기 전까지는 자신의 마음 상태를 표현하지 않으려는 마음도 크다.

마음의 공유 방식 중 무의식적 인식으로 자연스럽게 마음을 공유하는 동료는 아쉽게도 현실에서는 만나기 어렵다. 그래서인지 성공한 사업가를 소개하고 연구한 인간관계론에서는 마음이 아닌 설득과 이해를 강조하는지도 모르겠다.

무의식적 인식이란 사람의 인식 과정 중 의식적으로 인지하지 못하지만, 행동이나 감정에 영향을 미치는 과정을 의미한다. 즉, 인간의 두뇌가 외부 자극을 처리하는 방식 중 하나로, 우리가 명확히 인식하지 못하는 많은 정보가 무의식적으로 처리되어 우리의 행동, 판단, 감정 등에 영향을 미치는 것이다. 이런 무의식적 인식을 통해 동료의 마음을 이해하고 배려하는 사람들은 직장에서 중요한 역할을 한다. 또한, 다른 사람의 감정을 잘 인식하고 적절하게 대응함으로써 팀의 조화와 협력을 촉진한다. 미국의 대중심리학 매거진 《Psychology Today》에서 2022년에 실시한 연구에 따르면, 자신과 타인의 감정을 인지하고 이해하며 자신의 감정을 조절하고 활용할 줄 아는 능력인 감정 지능이 높은 직원은 조직 내 갈등을 효과적으로 관리하고, 팀의 사기를 높이며, 전체적인 성과를 증대시키는 데 큰 역할을 한다.

10 성장의 두 가지 길: 지원 VS 지도

성장을 하고자 한다면, 성장을 지원해야 한다. 성장을 소망하고 실행하는 이들에게는 연료만 주면 된다. 또한 동기를 유지할 수 있도록 피드백을 주면 충분하다. 이들은 스스로 계속 나아갈 것이다. 방해만 하지 않으면 된다. 그리고 무료함, 지루함, 나태함을 가진 이들과 거리를 둘 수 있는 환경을 조성해 주면 된다.

성장에 주저하거나 회피하고 있는 이들은 성장을 시켜야 한다. 이들은 목표를 설정하지 못하고, 현재 자신의 수준을 평가하지도 못하기 때문이다. 이러한 직원에게는 목표설정, 성장과정, 피드백 등을 제공하고 교육해야 한다. 성인 학습의 원칙과는 반하는 방향이지만, 자아성장과 실현에 대한 욕구가 없는 이들에게는 직관적인 욕구를 이용하더라도 성장을 유도해야 한다. 예를 들어, A라는 직원은 스스로 목표를 설정하고 꾸준히 성과를 내는 사람이다. A에게 필요한 것은 단지 자원을 제공하고, 피드백을 통해 동기를 유지하는 것이다. A는 이러한 지원을 통해 더욱 높은 성과를 낼 수 있다. 반면, B라는 직원은 목표설정에 어려움을 겪고, 현재 자신의 위치를 제대로 파악하지 못한다. B에게는 명확한 목표를 설정해 주고, 그 과정을 단계별로 안내하며, 지속적인 피드백을 제공해야 한다. B는 처음에는 외부의 압력에 의해 움직일지 모르지만, 점차 자신의 성장을 인식하게 될 가능성이 있다.

놀스(Knowles)의 성인학습이론에 따르면, 성인은 스스로 학습하는 경향이 강하지만, 외부의 지도가 필요한 경우도 있다. 특히, 성인이 자신의 학습 필요성을 인식하지 못하는 경우, 외부의 체계적인 지도가 필수적이다. 또한, 비고츠키(Vygotsky)는 근접발달영역이론에서 학습자는 스스로 해결할 수 없는 문제를 더 유능한 사람의 도움을 받아 해결할 수 있다고 하였다. 이를 통해 성인은 점차 독립적인 학습자가 된다. 드웩(Dweck)은 성장마인드셋이론을 통해 개인의 믿음과 태도가 학습과 성과에 큰 영향을 미친다고 주장하였다. 성장마인드셋을 가진 사람은 도전을 기회로 여기고, 실패를 학습 과정의 일부분으로 받아들인다. 따라서 성장을 주저하는 이들에게는 이러한 마인드셋을 심어 주는 것도 중요하다.

결론적으로 성장을 지원할 것인가, 성장을 시킬 것인가는 개인의 현재 상태와 동기 수준에 따라 달라져야 한다. 스스로 성장하려는 이들에게는 지원과 피드백이면 충분하며, 성장에 주저하는 이들에게는 목표설정과 지속적인 지도가 필요하다. 이러한 접근 방식은 조직의 성과를 높이고, 개인의 잠재력을 최대한 발휘하게 할 것이다.

조금은 그럴싸하고 듣기 좋은 말이다. 그러나 현실은 이렇다. 개인의 성장이 회사의 성장이라고 한다. 과연 그럴까? 그렇지 않다. 직원이 성장하였는데, 회사가 그를 품지 못하는 경우 그 직원은 떠난다. 그를 원하는 곳이 많아졌기 때문이다. 이를 회사도 안다. 그렇기에 성장을 바라지만, 급속한 성장을 원하지 않는다. 즉, 천천히 성장하면서 회사에 머무르고 회사를 위해 일하기를 원한다. 투자비를 회수해야 하기 때문이다.

성장을 원하지 않는 이들은 각종 직무교육에 참석한다. 이들이 참여하는 교육은 어떤 교육이며 누가 제공하는 것일까? 교육을 담당하는 직원 역시 자신의 실적을 위해 각종 교육을 양적으로 제공한다. 그 교육이 무엇인지, 어떠한지에 관한 고민보다는 요즘 교육 트렌드를 조사하고, 유명한 강사를 섭외하여 누구보다 빠르게 제공하려 한다. 그런 교육을, 성장을 원하지 않는 이들이 그 누구보다 빠르게 수강한다. 그리고 높은 만족도 점수를 준다. 이들에게 있어 이런 교육은 자신을 숨길 수 있는 최고의 기회이다.

왜일까? 트렌드에 맞춘 교육은 신생 교육이다. 즉, 그 교육이 무엇인지에 관한 정보는 제한적일 뿐만 아니라 제공된 정보도 그 교육을 제공히는 교육 회사에서 직싱한 자료이나. 이런 한성석인 자료를 보고 성장하고자 하는 이와 회피하고자 하는 이 중 누가 먼저 선택할지는 자명하다.

성장하고자 하는 이는 자신의 장점과 단점을 인지하고 있다. 그리고 단점을 보완하기 위해 교육을 통한 성장을 추구한다. 그리고 장점을 더욱 강화하기 위해 자기주도학습을 하거나 심화 과정 교육을 수강한다. 반면, 성장을 회피하거나 주저하는 이는 장점만을 인지하고 있다. 단점은 '글쎄'이다. 그리고 장점을 강화하기보다는 현 상태로 부서 내에서 우위를 점하고자 한다. 여기에 최적화된 교육이 최신 트렌드를 적용한 신생 교육이다. 제일 먼저 받았기에 그 누구보다도 해당 정보를 제일 많이 알고 상대적으로 직무 역량이 우수하다는 평가를 받을 수 있기 때문이다.

11 유능한 멘토를 만나는 것은 천운

첫 출근 날에는 설렘, 기쁨, 두려움, 기대감 등 많은 감정이 교차한다. 그런 복잡한 감정으로 첫 출근 날에 빠지지 않는 시간이 자기소개 시간이다. 그 자리에서 빠지지 않는 멘트 중 하나는 '선배님들의 많은 지도 편달 부탁드립니다.'이다. 선배는 마냥 귀엽기만 한 후배에게 자신이 어렵게 익힌 실무를 전달 혹은 교육하고자 시도한다.

그러나 그도 잠시, 선배는 어려움에 부닥친다. 생각처럼 따라오지 못하는 후배, 과정에서 냉랭하게 반응하는 후배, 어렵게 지도해 줘도 '이런 것까지 가르쳐 주냐?'라는 핀잔 섞인 반응, 어렵게 알려 주지 말고 쉽게 설명해 달라는 요구, 어렵다는 대답, 미워하는 눈빛으로 아침에 인사하는 후배 태도, 노력하지 않는 자세 등으로 어려움을 경험한다. 그리고 고민한다. 그 후에는 전달자 역할을 할지, 교육자 역할을 할지 결정한다.

전달자 역할을 선택한 선배는 직무 내용을 전달한 후 자신이 할 수 있는 일을 다 했다고 여긴다. 이런 경우 학습 능력이 부족한 신입사원은 좌절을 경험한다. 다행히 학습 능력이 높은 이들은 어깨너머로 보고 독학하여 실무를 수행한다. 그러나 이런 인재는 극소수다.

교육자 역할을 선택한 선배는 후배를 교육한 후 고민과 반성하고, 수정과 보완을 거쳐 다시 교육한다. 이것이 교육자의 자세이다. 신입사원에게 있어서는 천운이다.

그러나 천운으로 교육을 받더라도 신입사원 스스로 학습을 하지 않는다면 그 효과는 미미하다. 학습은 동기화된 사람에게서 일어나기 때문이다. 따라서 신입사원의 학습 욕구를 올리거나 만들기 위해서 학습 동기에 대해 알아볼 필요가 있다. 자비스(Jarvis)는 학습 동기 요인을 개인적 측면, 경제적 측면, 직업적 측면, 사회적 측면 등의 4가지로 구분하였다. 그 내용은 다음 표와 같다.

구분	내용
개인적 측면	개인적인 목적의 만족, 보상 교육, 개인적인 발달과 흥미를 위해 이를 충족시키고자 하는 요구
경제적인 측면	직업적인 재교육, 새로운 직업에 대한 준비
직업적인 측면	새로운 책임과 기회를 위한 훈련
사회적인 측면	변화하고 있는 환경, 사회적 태도와 습관들에 대한 적응

그리고 호울(Houle)은 학습자의 동기를 '목표지향형(Goal-Oriented)', '활동지향형(Activity-Oriented)', '학습지향형(Learning-Oriented)'으로 나누었다.

첫째, 목표지향형은 학습 참여 동기가 개인적으로 전문적인 지식, 기술의 습득, 직업상의 향상을 목적으로 참여하는 유형으로 구체적이고 명확한 목표가 있다. 그 목표는 현실적인 이익이나 필요 등 이해관계에 의해 충족시키려는 욕구로 학습에 참여한다. 그리고 지속적으로 참여하는 것이 아니라 학습목표가 달성되면 쉽게 학습을 중단한다.

둘째, 활동지향형은 학습에 참여하는 행위나 활동 자체에 의미나 만족을 둔다. 학습활동의 참여를 통해 얻게 되는 인간관계 유형이나 교육의 양에 비중을 둔다. 그리고 일상생활의 단조로움이나 지루함, 고독함, 소외의식 등으로부터 벗어나 변화를 추구하기 위해, 또는 가정이나 직장 생활에서 오는 스트레스 등에서 잠시라도 벗어나고자 교육에 참여하기도 한다.

셋째, 학습지향형은 지식이나 배움 그 자체를 좋아한다. 그리고 지적 호기심이나 근본적으로 알고자 하는 욕구를 충족하기 위해 교육에 참여한다. 또한, 교육은 일상적인 일 중의 하나이다.

신입사원 교육을 수행할 때 위와 같은 동기 유형을 생각하며 교육한다면 선배의 역할을 충분히 이행할 수 있을 것이다. 그들이 이런저런 동기로 교육받고 학습한다고 생각하면 최소한 마음은 편할 것이다. 교육을 받는 이의 생각, 동기까지 긍정적으로 변화시키는 일은 사실상 불가능하기 때문이다. 가령, 전문적인 지식, 기술의 습득, 직업상의 향상을 목적으로 참여하는 목표지향형으로 변화시키려는 시도는 오히려 독이 된다. 즉, 학습 동기 유형이 다양하다는 것을 인정하고, 신입사원의 학습 동기 유형이 무엇인지 파악하여 이에 맞추어 교육을 진행하는 것이 현명하다.

  신입사원도 교육에 관해 고민과 반성을 하는 선배를 만난다면 고민과 반성을 해야 한다. 그리하면 서로를 더욱 이해하고 교감할 수 있다. 또한, 운이 좋다면 친구가 될 수도 있다.

3장
의사결정과 정의

3장 스토리텔링

 업무를 진행하다 보면 의사결정을 해야 할 때와 받아야 할 때가 있다. 그러면서 의사결정에 대한 부담감을 느낀다. 그리고 의사결정에 따른 인사 평가를 경험하고 이에 대해서도 고민하게 된다.
 그제야 비로소 자신에게 쓴소리했던 부장과 팀장을 생각하게 되고 그들이 수행했던 의사결정 과정에 대해 생각하게 된다. 유능한 부장에게는 의사소통 능력, 스트레스 관리 능력, 문제해결 능력, 동기 부여 능력이 있었음을 알게 된다. 다른 한편으로 일은 편했지만 성장하지 못한 채 정체된 자신의 과거를 생각하고 그때의 부장을 생각하게 된다. 그는 리스크가 적은 업무를 주로 추진했었다. 그때는 편하다는 생각으로 지시받은 대로 업무를 했다.
 성장했을 때는 유능한 부장(PM)이 있었고, 과정 중심으로 업무를 수행했었다. 자신에게 질문을 많이 했던 부장 덕에 비판적 사고가 향상되었음을 알게 된다. 그때는 몰랐지만 성장한 지금, 과거를 돌아보면 그 부장에게 업무를 통한 진정한 만족감과 목표설정 방향, 후배를 교육할 때 가져야 하는 자세를 배웠다. 그리고 문제해결 방법을 배웠다.

01 과정의 연결자 PM

최종 결과가 나오기까지 수많은 과정과 결과가, 결합과 분해를 반복한다. 이런 집합체로 형성된 것이 바로 프로젝트의 결과이다. 과정과 결과 사이에는 어떤 현상이 발생하기에 연결되고 결과라는 달콤한 과일이 열릴까? 그 사이에는 현상을 연결해 주는 PM(Project Manager)이 있고 그의 능력에 따라 결과의 차이가 발생한다. 즉, 과정을 효과적으로 연결하는 능력이 있는 PM이 있다면 그 프로젝트는 성공적인 결과로 마무리될 수 있다.

PM의 역할을 살펴보면, 몇 가지 중요한 능력이 요구된다. PM은 팀 내외부와의 원활한 의사소통을 책임진다. 명확한 언어적 의사소통뿐만 아니라, 비언어적 신호를 잘 읽고 전달할 수 있어야 한다. 이는 팀원들 간의 오해를 줄이고, 협업을 촉진하는 데 중요하다.

PM은 프로젝트 진행 중 발생하는 다양한 문제를 해결해야 한다. 문제해결 능력은 창의적 사고와 분석적 사고가 결합된 형태이다. 이를 통해 복잡한 문제를 해결하고 최적의 해결책을 찾아낼 수 있어야 한다.

PM은 팀원들의 동기를 유지하고, 향상시킬 수 있어야 한다. 심리학자 데이비드 매클렐런드(David McClelland)는 인간의 동기를 성취욕구, 권력욕구, 친화욕구로 분류했다. PM은 팀원들의 다양한 욕구를 이해하고, 각자의 동기를 충족시키기 위해 노력해야 한다. 이는 팀의 생산성과 직결된다.

예를 들어, 소프트웨어 개발 프로젝트에서 PM은 각 개발 단계 사이의 의사소통을 원활하게 하고, 문제를 해결하며, 팀원들의 협업을 촉진한다. 이는 결과적으로 높은 품질의 소프트웨어를 제때에 완성할 수 있게 한다. PM은 정기적인 회의를 통해 팀원들이 진행 상황을 공유하고, 발생한 문제를 신속히 해결할 수 있도록 돕는다. 건설 프로젝트에서도 PM의 역할이 매우 중요하다. 대규모 건설 프로젝트는 설계, 인허가, 건축, 내부 인테리어 등 여러 단계로 이루어진다. PM은 각 단계의 전문가들이 협력할 수 있도록 조정하며, 예산과 일정 관리를 철저히 한다. 이를 통해 건축물은 기한 내에 완성되고, 예산을 초과하지 않도록 한다. 또한, 국제 콘퍼런스를 기획하는 경우, 장소 섭외, 강사 초청, 홍보, 참가자 등록, 현장 운영 등 여러 과정이 필요하다. PM은 각 팀이 맡은 업무를 효율적으로 수행할 수 있도록 관리하고, 모든 과정이 원활하게 진행되도록 한다. 콘퍼런스 당일, 예상치 못한 문제가 발생할 수 있는데, PM은 이러한 문제를 신속하게 해결하여 행사가 성공적으로 진행되도록 한다.

과정과 과정 사이에는 전체를 보는 PM이 필요하다. 성공적인 프로젝트는 효과적인 PM의 관리와 조정 능력에 크게 의존한다. PM의 능력은 프로젝트의 결과에 직접적인 영향을 미친다. 따라서 PM은 의사소통 능력, 스트레스 관리, 문제해결 능력, 동기 부여 능력을 갖추어야 한다. 이러한 능력을 통해 PM은 프로젝트를 성공적으로 이끌고, 팀원들의 협업을 극대화할 수 있다. 결국, 과정과 과정 사이를 연결하는 PM의 역할은 프로젝트의 성공을 결정짓는 핵심 요인이다. 이를 통해 우리는 과정의 중요성을 인식하고, PM의 능력을 더욱 강화하는 노력이 필요하다.

02 이번 인사 방침은 정의롭다

이번 인사 방침은 정의롭다. 인사 기준이 수립되면 이를 지키는 것이 정의(Justice)이다. 그러나 진화하는 회사에서 이것이 가능할지는 의문이다.

존 롤스(John Rawls)의 정의론은 정의로운 사회를 구축하기 위한 원칙을 제시한다. 롤스는 '공정으로서의 정의'라는 개념을 통해 정의를 설명하며, 두 가지 주요 원칙을 제시했다. 첫 번째 원칙은 모든 사람은 기본적인 자유를 평등하게 누려야 한다는 것이고, 두 번째 원칙은 사회적, 경제적 불평등이 존재할 수 있지만, 이는 가장 불리한 위치에 있는 사람들에게 최대의 이익을 가져다줘야 한다는 것이다. 이를 인사 방침에 적용해 보았다.

인사 방침이 수립되면 이를 준수하는 것이 정의로운 행위이다. 그러나 회사는 생물처럼 진화하고 변화한다. 따라서 그때그때 변경되는 인사 방침을 방침(앞으로 일을 치러 나갈 방향과 계획)이라고 하는 데는 한계가 있다. 이는 경영진의 의도와 의중을 일개 직장인이 정확히 파악하기 어렵기 때문이다. 이러한 상황에서 롤스의 첫 번째 원칙, 즉 기본적인 자유와 권리를 평등하게 보장하는 것이 중요하다. 이는 모든 직원이 동일한 기준과 절차에 따라 평가받고 대우받는 것을 의미한다.

롤스의 두 번째 원칙, 즉 사회적, 경제적 불평등이 가장 불리한 위치에 있는 사람들에게 최대의 이익을 가져다주는 원칙을 적용할 때, HRM(Human Resource Management)은 단순히 포장에 그쳐서는 안 된다. 진정으로 공정하고 정의로운 시스템을 구축해야 한다.

그래야 이번 인사 방침은 정의롭다고 할 수 있다. 인사 기준을 준수하고, 공정성과 정의를 실현하려는 노력이 있기 때문이 아니라 대전제인 "인사 방침을 지킨다."를 지키기 때문이다. 인사 방침은 공정하고 정의로워야 하지만, 동시에 유연성과 포용력을 지녀야 한다. 이러한 균형을 맞추는 것이 진정으로 정의로운 인사 방침일 것이다.

이번 인사 방침이 공정하고 정의롭게 실행되기 위해서는 롤스의 정의론을 준수하는 것이 중요하다. 모든 직원에게 동등한 기회를 주고, 불평등이 최소화되며, 불가피한 불평등이 있는 경우 가장 불리한 위치에 있는 사람들에게 최대의 이익을 주는 방향으로 이루어져야 한다. 이는 진정한 의미의 정의를 실현하는 길이다.

03 부서를 위한 의사결정이란 책임 회피성 의사결정

좋은 기회, 의도, 행동, 의사결정 등은 언제나 누구에게나 항상 좋을 수 없다. 그러나 최선에 가까워질 수는 있다. 그렇기에 깊은 고민이 필요하다. 이런 고민조차 없다면, 최선에 근접할 행운조차 찾아오지 않기 때문이다.

　의사결정에는 의사결정권자의 행복뿐만 아니라 부서원의 행복도 포함된다. 이 행복의 크기는 직무 만족도와 업무 성과에 따른 보상에 따라 달라진다. 하지만 일부 의사결정권자는 실패를 걱정하고 그에 따른 책임을 회피하기 위해 리스크가 적은 방향으로 의사결정을 내린다. 이러한 책임 회피성 의사결정은 부서원의 행복에 부정적인 영향을 미친다. 리스크가 낮은 의사결정으로 정해진 업무는 단조롭기 마련이다. 이런 업무를 수행하는 부서원은 단순화된 업무만을 수행하게 되어 능력이 저하된다. 이는 부서 전체의 역량 저하로 이어지며, 의사결정권자가 떠난 후 부서의 존속까지 위협할 수 있다.

　예를 들어, 새로운 프로젝트를 진행할 때 도전적인 목표를 설정하지 않고, 기존의 방식을 고수하는 의사결정은 부서원의 성장과 발전을 저해한다. 부서원은 도전과 성취감을 느끼지 못한다. 이는 직무 만족도의 저하로 이어진다. 결과적으로 부서의 성과는 낮아지고, 이는 부서 전체의 발전을 가로막게 된다.

　부서를 위한 의사결정이 책임을 회피하는 방향으로 진행된다면 부정적인 결과를 초래하게 된다. 이를 감안하여 의사결정권자는 부서원의 행복과 성장을 고려한 책임 있는 결정을 내려야 한다. 깊은 고민과 도전적인 목표설정을 통해 부서의 역량을 높이고, 지속적인 발전을 이루는 것이 중요하다. 따라서 의사결정은 책임을 회피하는 것이 아닌, 책임을 지고 나아가는 방향으로 이루어져야 한다. 그 책임에는 업무 성공 여부와 부서원의 성장, 도전 정신, 성취감, 직무 만족도가 포함된다.

04 단순함은 본능을 깨운다

직장에서의 단순함은 행동과 사고가 간결하고 명확해진다는 의미가 아니다. 또한, 제조, 문서 작성, 시설 관리 등의 업무에 드는 시간이 짧다고 해서 단순한 것도 아니다. 직장에서의 단순함은 생각이 직관적으로 변함을 의미한다. 이 직관에는 '좋다.', '나쁘다.', '싫다.'라는 본능적인 간결함이 주(主)가 된다.

의사결정권자의 의사결정에 따라 수행되는 업무에는 의사결정권자의 고뇌가 담겨 있기 마련이다. 그러나 만약 그 고뇌가 없다면, 소속 직원들이 수행하는 업무에도 고뇌가 사라진다. 결과적으로 업무는 단순해진다. 이러한 단순함은 직원의 전두엽을 굳게 만들고, 굳어진 뇌는 본능적인 기능을 담당하는 뇌의 영역을 키워 점차 모든 뇌를 잠식하게 된다. 이렇게 단순화된 뇌는 결정된 내용에 대한 고민, 이해, 진행 방법, 협업 내용, 핵심 내용 추출 등을 생각하지 못하게 만든다. 단지 좋음과 싫음의 감정만을 선사한다. 이면에는 '쉬운데.', '내가 할 수 있겠는데.', '시키면 되겠는데.' 같은 생각이 자리 잡게 된다. 그리고 이마저도 단순해진다.

이러한 단순한 사고는 결국 창의성과 문제해결 능력을 저하시킨다. 직원들은 더 이상 복잡한 문제에 대해 깊이 고민하지 않으며, 단순한 본능에 따라 행동하게 된다. 이는 조직의 성장과 발전을 저해하는 요인이 된다. 또한, 이런 본질을 숨기기 위해 '직관'이라는 표현을 사용하기도 한다. 가령, 직관적으로 알 수 있게 표현하라고 한다. 이를 통해 자신의 단순함을 직관이라는 포장지로 숨기려 한다.

직관에 대한 철학적 논의는 고대부터 현대에 이르기까지 다양한 철학자들에 의해 다루어져 왔다. 고대 그리스 철학자 아리스토텔레스(Aristotle)는 직관을 "첫 원리들에 대한 지식"이라고 정의하며, 직관을 통해 근본적인 진리를 이해한다고 보았다. 그러나 이러한 직관은 깊이 있는 사고와 성찰을 통해 얻어지는 것으로, 단순함과는 거리가 있다.

근대 철학자 르네 데카르트(René Descartes)는 직관을 명확하고 분명한 개념으로 정의하며, 직관을 통해 진리를 파악할 수 있다고 주장했다. 데카르트의 "나는 생각한다, 고로 존재한다."라는 명제는 직관적인 명확성을 강조한다. 그러나 데카르트 역시 이러한 직관이 깊이 있는 사고와 논증 과정을 통해 도달할 수 있는 것임을 강조했다.

현대 철학자 앙리 베르그송(Henri Bergson)은 직관을 시간의 흐름과 관련지어 설명하며, 직관을 통해 사물의 본질을 파악할 수 있다고 주장했다. 베르그송은 직관을 통해 복잡하고 다층적인 현실을 이해할 수 있다고 보았다. 따라서 직관은 단순함이 아닌 복잡성과 깊이 있는 이해를 요구한다.

한편, 현대 철학자 위르겐 하버마스(Jürgen Habermas)는 의사소통의 합리성을 강조하며, 직관보다는 논리적이고 합리적인 대화를 통해 진리를 추구해야 한다고 주장했다. 하버마스에 따르면, 단순한 직관에 의존하는 것은 합리적 의사소통과 협력적인 문제해결을 저해할 수 있다.

직장에서의 단순한 사고는 창의성과 문제해결 능력을 저하시킬 뿐만 아니라, 조직의 장기적인 발전을 저해한다. 직원들이 단순한 본능에 따라 행동하게 되면, 복잡한 문제를 해결하거나 새로운 아이디어를 창출하는 능력이 감소하게 된다. 이는 조직의 경쟁력을 약화하는 요인이 된다.

결론적으로, 단순함은 직장에서 긍정적인 영향을 미치지 않는다. 의사결정권자는 자신의 고뇌와 고민을 반영한 복잡하고 깊이 있는 의사결정을 통해 직원들의 사고를 자극하고, 창의성과 문제해결 능력을 키워야 한다. 단순함을 피하고 깊이 있는 사고와 논증 과정을 수용하는 것이 조직의 성장과 발전에 필수적이다.

05 결과 중심 VS 과정 중심

어떤 목표를 위해 나아가는 과정은 성장이다. 그 목표를 이룬다는 결과는 관점에 따라 과정이나 결과가 된다. 즉, 그 목표가 다른 목표의 수단으로 활용된다면 과정이며, 그 목표가 최종 목적지라면 결과이다.

예를 들어, 취업이나 승진에 필요한 외국어 점수 취득이 목표라면, 점수를 취득하는 순간 결과로 마무리된다. 그러나 이 점수를 취득한 후에 외국 서적을 읽거나 외국인과의 교류 등에 활용된다면, 이는 과정이다. 두 가지 모두 직장인에게 고통을 주지만, 결과를 목표로 삼고 가는 이는 과정을 중시하는 이보다 고통의 기간이 짧을 것이다. 그리고 이러한 결과 중심의 접근은 행복도 짧을 것이다. 가령, 김 대리는 승진을 위해 외국어 시험 점수를 목표로 삼았다. 그는 시험 준비 기간 동안 많은 스트레스를 받았지만, 시험이 끝나고 점수를 취득한 후에는 큰 안도감을 느꼈다. 그러나 승진이 확정된 후, 그는 더 이상 외국어 공부에 대한 동기 부여를 느끼지 못하고, 이전의 스트레스를 회상할 것이다.

반면, 이 대리는 승진에 필요한 외국어 점수를 취득 후 승진하였다. 그 후에도 외국 서적을 읽고 외국인과의 교류를 통해 인적 네트워크를 확장하고, 정보 습득에 활용하였다. 그는 외국어 공부에 대한 스트레스보다 현재 이를 활용한 배움의 즐거움에 행복을 느끼게 되었다.

결론적으로, 목표를 설정하고 이를 이루는 과정에서 어떤 관점을 가지느냐에 따라 성장의 의미가 달라진다. 결과를 중시하는 접근은 고통의 기간을 단축시킬 수 있지만, 행복도 짧을 수 있다. 반면, 과정을 중시하고 지속적인 성장을 추구하는 접근은 더 오래 지속되는 만족과 행복을 가져다줄 것이다. 직장인들은 단기적인 결과보다는 장기적인 성장을 목표로 삼아야 한다.

06 비판적 사고와 의사결정

 2011년 8월 20일에 추락한 '퍼스트 에어 6560편 추락 사고'에서 본인의 생각과 결정을 의심하지 않는 기장과 본인의 판단과 생각을 말하는 부기장과의 대화에서 확신에 대한 위험성을 볼 수 있다.
 그때 상황은 이렇다. 자동장치의 고장으로 수동조정을 하게 되었다. 수동으로 조정할 때 나침반에 의존하게 된다. 그런데 북극에 가까울수록 나침반이 제대로 작동하지 않을 때가 있다. 더군다나 그날 안개가 짙고 비도 내렸다. 그래서 항로가 조금씩 어긋났다. 이에 부기장은 방향이 틀렸다고 몇 번이나 본인의 판단을 기장에게 전달하였다. 그러나 기장은 자신의 판단과 경험으로 사고의 위험이 없다고 결론을 내렸다. 결국 탑승자 15명 중 12명이 사망했고, 3명의 중상자가 발생하였다. 기장의 조정 숙련도, 비행 경험, 위험 상황에 대처하는 능력은 상대적으로 부기장보다 우수할 것이다. 그러나 판단의 과정을 정리하여 상대방에게 의사를 전달하는 능력은 부기장보다 낮았다. 그리고 사람은 실수할 수 있고, 자신도 실수할 수 있다는 가정이 부족하였다.
 직장에서는 위와 비슷한 상황을 만날 경우가 종종 있다. 업무를 진행하면서 의사결정을 내리고 그 과정의 논거를 구성원들에게 설명하고 이해시키는 과정이 그 상황이다. 또한 이 과정은 구성원들의 생각을 듣고 자신의 논리를 검증하는 과정이기도 하다.
 이때 중요한 것이 비판적 사고(Critical Thinking)이다. 서울대

학교 교육연구소에서 발간한 《교육학용어사전》에서는 다음과 같이 정의 내리고 있다. "어떤 사태에 처했을 때 감정 또는 편견에 사로잡히거나 권위에 맹종하지 않고 합리적이고 논리적으로 분석·평가·분류하는 사고 과정. 즉, 객관적 증거에 비추어 사태를 비교·검토하고 인과관계를 명백히 정하여 여기서 얻어진 판단에 따라 결론을 맺거나 행동하는 과정을 말한다."

　이를 적용하여 기장의 행동을 보면 당시 그의 판단은 객관적일 수 있다. 그러나 자신의 판단 결과가 본인뿐만 아니라 타인에게도 영향을 미치는 경우라면 몇 번의 검산이 필요하다. 그 과정에서 타인의 검증 과정도 필요하다. 검증 과정에서 계산 과정이 다르다면 의심하고 재계산을 해야 한다. 예를 들어, 프로젝트 매니저가 새로운 전략을 제안할 때, 그 전략이 팀 전체에 큰 영향을 미칠 경우 매니저는 자신의 판단을 한 번 더 검토하고 팀원들의 의견을 듣는 것이 중요하다. 팀원 중 한 명이 다른 접근 방식을 제안한다면, 매니저는 그 제안을 진지하게 고려하고 자신의 판단을 재검토해야 한다. 이는 궁극적으로 프로젝트의 성공 가능성을 높이는 방법이다.

　이런 과정이 기장에게도 있었다면 경험 많고 비행 능력이 우수한 기장은 자신의 판단을 재고했을 것이다. 즉, 부기장의 의견을 듣고 자신의 판단을 의심했다면 사고는 발생하지 않았을 것이다.

　요약하면, 자신의 판단을 존중하되 다른 의견을 용기 있게 말하는 구성원이 있나면 최소한 한 번이라도 그 판단을 검산하는 과정과 본인의 생각을 비판적 사고로 볼 수 있는 과정이 필요하다.

07 직장인의 가치 선택: 돈인가, 만족인가?

급여와 직무만족과 성취감 중 하나만을 선택해야 한다면 고민할 필요도 없다.

당연히 '급여'이다.

하지만 급여에 매몰되다 보면 직장에서 머무르는 약 9시간이 허무하게 느껴진다. 돈으로 환산할 수 없는 자신의 시간이 공허함으로 채워지게 된다. 매일매일 그 공허함이 자아를 서서히 묽게 만들고, 단순하게 만들며, 급여일만을 기다리게 한다. 예를 들어, 높은 급여를 받지만, 그의 일은 단조롭고 의미 없는 반복 작업으로 가득 차 있다. 그는 매일 아침 출근할 때마다 무기력함을 느끼고, 퇴근 후에도 공허함이 남는다. 결국 급여일만을 기다리며 하루하루를 견딘다. 반면, 비교적 낮은 급여를 받지만, 자신의 일이 의미 있고 도전적인 과제로 가득 차 있는 경우 직무만족과 성취감을 느끼며, 자신의 가치를 발견한다. 그는 일에서 얻는 만족감으로 삶의 질을 높이며, 매일 출근하는 것을 즐긴다.

직장에서의 가치가 급여에만 있는지, 아니면 직무만족과 성취감에도 있는지를 고민해 볼 필요가 있다. 직장 내에서 느끼는 공허함은 단순히 급여로 채워질 수 없는 부분이 있다.

결론적으로, 직장인은 급여와 직무만족과 성취 사이에서 균형을 찾는 것이 중요하다. 급여는 중요한 요소이지만, 직무에서 얻는 만족과 성취감도 개인의 삶의 질에 큰 영향을 미친다. 자신의 가치와 삶의 만족을 찾기 위해서는 직장에서의 시간을 어떻게 보낼 것인지, 무엇을 추구할 것인지를 신중하게 고민해야 한다. 가치와 급여 사이에도 엔트로피 법칙이 적용되길 소망한다.

08 성공적인 목표설정을 위한 태도

목표설정은 누구나 한다. 이때 태도에 따라 과정과 결과의 차이가 발생한다.

긍정적 생각으로 목표를 구상하는 이는 이 목표가 나를 포함한 구성원과 조직에 도움이 되는 과제인지 고민한다. 그리고 이 과제가 현재 진행하고 있는 업무와 궁합이 맞는지 고민한다. 즉, 동료를 생각하고 업무의 본질을 고민한다. 예를 들어, 이 과장은 목표를 설정할 때, 팀의 장기적인 목표와 조화를 이루는지를 항상 고려한다. 팀원들과 협력하여 목표를 구체화하고, 이를 통해 모두가 성장할 수 있는 방향으로 나아가도록 한다. 목표설정은 팀 전체의 동기 부여와 성과를 높이는 데 기여한다.

이에 반해 박 과장처럼 부정적 생각으로 목표를 구상하는 이는 이 과제를 자신이 진행하지 않고, 어떻게 하면 동료 또는 타 부서에 선가할 수 있는지에 몰두한다. 그러면서 목표설정이라는 커다란 실적은 자신의 공으로 내세운다. 그리고 아무도 관심 주지 않는 과정, 즉 다른 이의 고통과 헌신은 뒤로 숨긴다. 마지막으로 고난의 과제에서 나온 성과는 이쁘게 색칠하여 최종 성과물로, 다시 앞으로 내세운다. 그는 동료들의 노력과 고통을 무시하고, 최종 성과물만을 자신이 이루어 낸 것으로 포장한다. 박 과장의 목표설정은 팀 내 갈등과 불신을 초래하며, 조직의 전반적인 성과를 저해한다.

 결론적으로, 목표설정에 있어서 긍정적 태도와 부정적 태도는 큰 차이를 만든다. 긍정적 태도로 목표를 설정하는 이는 팀과 조직의 성과를 높이는 데 기여하며, 동료들과의 협력을 통해 모두가 성장할 수 있는 환경을 조성한다. 반면, 부정적 태도로 목표를 설정하는 이는 자신의 실적만을 중시하며, 동료들의 고통을 외면하고 조직의 성과를 저해한다. 따라서 목표설정 시 긍정적 태도를 유지하는 것이 중요하다.

09 성인 교육자의 역할과 방법

 성인 교육자의 역할은 상담자, 지도자, 동반자, 촉진자, 교수자, 시범자, 관찰자, 조언자, 숙달자 등으로 구분할 수 있다. 교육목표를 성취하기 위해 각각의 역할을 수행하며, 때로는 한 가지 역할만 수행하거나 두 가지 이상의 역할을 혼합하여 수행하기도 한다.

 직장에서도 이러한 역할을 수행하게 되는데, 문제는 꼰대의 이미

지나 개념 등의 선입견이 있는 학습자인 후배 직원을 교육할 때 발생한다. 과거 경험을 이야기하지 않고서는 실무를 설명할 수 없기 때문이다. 예를 들어, 과거의 경험에 현재의 기술을 접목해서 설명해야 하는 경우가 있다. 이때 과거형을 사용하는 순간 후배는 귀를 닫는다. 이는 선배 경험의 가치를 이해하지 못하는 데서 기인한다. 즉, '그때는 그때이고 지금은 지금'이라는 생각과 '언제 적 일을 말하는 거냐'는 확신이 자리 잡고 있기 때문이다. 따라서 그 확신을 깨려는 시도보다는 후배의 경험을 듣고 그 경험에 적용할 수 있는 기술을 설명하는 편이 더 효율적일 것이다.

예를 들어, A라는 선배 직원이 있다. A는 후배 직원 B에게 과거의 프로젝트 경험을 설명하려 한다. 그러나 B는 "과거의 일은 지금과 다르다."라며 귀를 닫아 버린다. 이때 A는 B의 현재 경험을 먼저 듣고, 그 경험에 적용할 수 있는 기술이나 방법을 설명해 주는 방식으로 접근한다. 이는 존 듀이(John Dewey)의 교육철학에서 강조하는 바와 같다. 듀이는 "교육은 삶의 과정에서 얻은 경험을 통해 이루어진다."라고 하였다. 이는 성인 교육자가 학습자의 경험을 중심으로 교육을 설계해야 함을 시사한다. B는 자신의 경험을 토대로 기술을 습득하게 되고, A의 경험도 자연스럽게 전달될 수 있다.

또 다른 예로, C라는 선배 직원이 있다. C는 자신의 실패 경험을 바탕으로 후배 직원 D에게 조언을 하려 한다. 그러나 D는 "실패한 이야기는 듣고 싶지 않다."리고 말한다. 이때 C는 D가 현재 직면하고 있는 문제를 먼저 이해하고, 그 문제에 대한 해결책을 제시하는 방식으로 접근한다. 이는 파울로 프레이리(Paulo Freire)의 교육철학에서 강조하는 대화와 상호작용의 중요성과 부합한다. 프레이리는 "진정한 교육은 학습자와 교육자 간의 대화를 통해 이루어진다."라고 주장했다. C의 실패 경험은 D에게 직접적으로 전달되지 않지만, 해결책 속에 녹아 들어가 있기에 D에게 도움이 된다.

또한, E라는 선배 직원은 후배 직원 F에게 새로운 기술을 가르치려 한다. F는 "새로운 기술을 배울 시간이 없다."라고 말한다. 이때 E는 F의 업무 환경을 먼저 파악하고, 그 환경에 맞는 방식으로 새로운 기술을 설명한다. 이는 듀이의 경험 중심 교육철학에서 "학습자는 자신의 경험을 통해 능동적으로 지식을 구성한다."라는 원리를 반영한 접근이다. F는 자신의 업무와 연관된 기술을 배우게 되면서 자연스럽게 새로운 기술에 대한 흥미를 갖게 된다.

존 듀이(John Dewey)는 경험 중심 교육철학을 통해 학습자가 경험을 통해 배우는 것을 강조했다. 듀이의 관점에서 보면, 성인 교육자는 학습자의 경험을 경청하고 존중하며, 그 경험을 토대로 새로운 지식을 전달하는 것이 중요하다. 듀이는 "교육이란, 경험의 재구성 또는 재조직 과정"이라고 말했다. 따라서 성인 교육자는 본인의 경험을 일방적으로 전달하기보다는 학습자의 경험을 중심으로 교육을 설계해야 한다.

파울로 프레이리(Paulo Freire)는 《페다고지》(피억압자들의 교육학)에서 대화와 상호작용을 통해 교육이 이루어져야 한다고 주장했다. 프레이리는 "교육은 상호작용과 대화를 통해 이루어지는 공동의 탐구 과정이다."라고 말했다. 이는 성인 교육자가 학습자의 경험을 존중하고, 함께 문제를 해결하는 동반자로서의 역할을 수행해야 함을 시사한다.

결론적으로, 성인 교육자의 역할은 다양하며, 교육자의 경험뿐만 아니라 학습자의 경험도 가치를 두어야 한다. 즉, 선배(교육자)의 경험이 가치가 있다면, 후배(학습자)의 경험과 생각도 가치가 있다. 따라서 교육자는 자신의 경험을 일방적으로 전달하기보다는 학습자의 경험을 존중하고, 그 경험을 바탕으로 지식을 전달하는 것이 중요하다. 이를 통해 보다 효과적인 교육이 이루어질 수 있을 것이다.

10 효율적인 문제해결을 위한 다섯 가지 접근법

직장에서 업무를 진행하다 보면 여러 난관에 봉착하게 된다. 이러한 상황에서 슬기롭게 문제를 해결하는 능력은 매우 중요하다. 이 글에서는 급여소득자가 문제를 해결하는 다섯 가지 방법에 관해 설명하고자 한다.

▼ 1. 선배에게 도움 청하기

먼저, 인적 네트워크를 활용하는 방법이다. 직장 내에서 신뢰할 수 있는 선배에게 도움을 청하는 것은 효과적인 해결책이 될 수 있다. 선배는 이미 유사한 문제를 경험했을 가능성이 높아 실질적인 조언을 줄 수 있다. 또한, 선배가 문제해결에 필요한 동료를 소개해 줄 수도 있다. 이러한 네트워크는 직장 생활에서 중요한 자산이 된다. 연구에 따르면, 멘토링 프로그램은 직원들의 문제해결 능력을 향상시키고 직무 만족도를 높이는 데 큰 기여를 한다.

▼ **2. 관련 전문 서적이나 연구물 찾아보기**

  자신이 연구형, 학습형 직장인이라면, 관련 전문 서적이나 연구물을 찾아보는 것도 좋은 방법이다. 직장에서 발생하는 문제를 스스로 해결하려는 태도는 전문가로 성장하는 데 중요한 자세이다. 유사한 문제를 다룬 책이나 연구 논문을 통해 해결책을 찾을 수 있다. 전문 지식과 학습은 문제해결 능력을 향상시키는 중요한 요소로 알려져 있다.

▼ **3. 생각나는 대로 써 보기**

  문제를 해결하기 위해 먼저 생각나는 대로 글로 적어 보는 것도 좋은 방법이다. 이렇게 하면 자신의 생각을 시각적으로 다시 인지할 수 있으며, 실수나 놓친 부분을 발견할 수 있다. 글로 쓰는 과정은 문제를 구조화하고, 새로운 해결책을 도출하는 데 도움이 된다.

▼ **4. 유사한 사례를 변형하여 대입해 보기**

  유사한 사례를 찾아 현재의 문제에 맞게 변형하여 적용하는 것도 유효한 방법이다. 회사나 유사 업종의 레퍼런스를 참고하여 문제를 해결할 수 있다. 이는 애자일(Agile) 방법론을 적용하여 빠른 피드백과 지속적인 개선을 통해 문제를 해결하는 방식이다.

▼ 5. 명상하기

너무 문제에 집중하다 보면 시각이 좁아질 수 있다. 이럴 때는 잠시 문제에서 벗어나 명상을 해 보는 것도 좋은 방법이다. 눈을 감고 잠시 쉬는 것만으로도 명상의 효과를 얻을 수 있다. 이는 스트레스를 줄이고, 창의적인 문제해결 능력을 향상시키는 데 도움이 된다.

앞서 설명한 방법과 같이 직장에서 발생하는 다양한 문제를 해결하는 데에는 여러 가지 접근 방법이 있다. 선배의 도움을 받거나, 관련 서적을 찾고, 자신의 생각을 정리하며, 유사한 사례를 변형해 적용하거나, 명상을 통해 마음을 진정시키는 등 다양한 전략을 시도해 볼 수 있다. 이러한 방법들을 통해 직장에서의 문제를 슬기롭게 해결하고, 더 나은 성과를 이끌어 낼 수 있을 것이다.

4장
생존 전략과 성찰

4장 스토리텔링

회사나 부서의 구성원이 다음과 같다면 생존하기 위해 특별한 전략을 수립해야 한다. 또한, 그런 부서가 아니더라도 살아남기 위한 생존 전략으로 활용해도 편하다.

그 구성원의 특징은 이렇다. 야망은 크지만, 그 분야에서 성장하고자, 노력하지 않고, 우월감이 크고 자신의 감정에 충실하다. 이들은 자신에게 돌아오는 불쾌감과 저평가에 민감하다. 그리고 부끄러움이 없다. 또한, 논리보다는 윤리로 상대를 이기려고 하며, 도덕성으로 자신의 정당성을 입증하려 한다. 그리고 이들은 착한 아이 콤플렉스가 있는 동료를 잘 활용한다.

그래도 급여소득자로 살아남아야 하기에 이들과의 공존이 아닌 이들로부터의 생존을 위한 몇 가지 전략이 필요하다.

첫째, 부서에서 1등을 유지하는 것이다. 둘째, 지속적인 학습으로 새로운 기술을 먼저 습득하거나, 신기술 적용을 저지하는 기술을 습득하는 것이다. 탁월한 저지의 기술은 도덕성에 흠집을 내는 것이다. 셋째, 자기 생각과 색깔을 숨기는 것이다. 넷째, 항상 '네'라고 대답하고 결과는 은폐, 축소하며 노력을 과장하는 것이다.

관리자라면 다음과 같은 기술도 편하다.

첫째, 결속력을 공통 관심 분야를 이용하여 강화하는 것이다. 둘째, 서열을 정리하고 조직 내 질서를 유지하는 데 집중하는 것이다.

셋째, 부서 내 여러 소수 집단을 만들고 그 집단의 리더 역할을 하는 것이다.

더불어 회사에서 뒷담화의 소재가 되지 않기 위해서는 연기 학원을 다녀 연기력을 키우거나, 중의적 표현을 사용하고, 화낼 일에도 화를 내지 않기 위해 명상을 수련하는 것이다. 그리고 우연히 적당히 아픈 것도 도움이 된다.

구성원과 거리를 두되 좋은 평가를 받기 위해서는 성과 포장 기술이 필요하다. 같은 일도 포장에 따라 평가가 다르기 때문이다. 이를 이용하여 10% 안에 들도록 노력해야 한다. 그 뒤에는 은폐색과 경계색을 활용한다면 상위 그룹의 베네피트를 공유할 수 있을 것이다.

01 야망과 욕심이 큰 집단에서 살아남기

야망은 크지만, 그 분야에서 성장하고자 노력하지 않는 이들은 우월감이 크고 자신의 감정에 충실하다. 이들은 자신에게 돌아오는 불쾌감과 저평가에 민감하다. 그리고 부끄러움이 없다. 또한, 논리보다는 윤리로 상대를 이기려고 하며, 도덕성으로 자신의 정당성을 입증하려 한다.

예를 들면, 박 과장은 항상 높은 야망이 있다. 그는 회사에서 큰 성과를 이루고, 승진하여 최고 경영진에 오르는 것을 목표로 삼았다. 그러나 자신의 목표를 위해 필요한 노력을 기울이지 않았다. 그럼에도 자신이 다른 동료들보다 우월하다고 생각한다. 또한, 본인의 잠재력을 확신하며, 다른 사람들이 자신의 성과를 인정하지 않으면 쉽게 불쾌해했다. 동료나 상사가 자신을 저평가한다고 느끼면 감정을 숨기지 않으며, 이를 표현하는 것을 부끄럽지 않게 생각했다. 회의나 프로젝트 토론에서는 논리적인 접근보다는 윤리적인 측면을 강조했다. 그는 상대방을 이기기 위해 도덕성을 내세우며, 자신이 옳다고 주장했다. 가령, "이 방식은 우리 회사의 가치를 반영하지 않아."라며 상대방의 의견을 비난하고, 자신의 도덕적 정당성을 입증하려 노력했다.

이런 이들이 다수인 집단에선 도전적인 일, 기존 일의 평가, 논리적 반박, 지식·기술·경험을 소개하면 안 된다. 그렇게 하면 알지 못하는 비방을 받게 되고, 그 비방은 사실이 되고 만다.

따라서 논리로 대화하려 하지 말고, 그들에게 부정적인 의사 표현을 하지 말고, 심리적인 관계를 형성하지 말아야 한다. 대신, 기계적인 대응을 해야 한다. 심리적 거리를 두되 기계적으로 친근감을 표현하는 것이 중요하다.

02 청유형 부탁을 가장한 핸들링 기술

많은 사람은 동료의 부탁을 거절하면 본인의 도덕성에 흠집이 난다고 생각한다. 이러한 심리는 어린 시절부터 형성된 '착한 아이 증후군'과 관련이 깊다. 착한 아이 증후군은 다른 사람의 기대에 부응하려는 강한 욕구로 인해 자신의 욕구를 억제하고, 타인의 요청을 거절하지 못하는 심리적 상태를 말한다. 이런 심리가 직장인이 될 때까지 지속된다면 '착한 직장인 콤플렉스'로 진화하게 된다. 2016년 YTN 사이언스가 직장인 800명을 대상으로 조사한 결과, 67.3%가 착한 아이 증후군으로 나타났다. 그 원인으로는 거절 못하는 성격이 39.8%로 가장 많았으며, 그다음으로 직접 하는 게 편해서가 19%, 관계를 위해서가 9.8%, 복잡한 게 싫어서가 9.4%, 이미지 관리가 8.9%, 기타 답변이 13.3%였다. 다른 한편에서는 이런 심리를 이용하려는 이들도 존재한다.

착한 아이 증후군을 갖고 있는 이에게 전략적으로 부탁하고, 이를 들어준다면 상황에 따라 계속해서 이용한다. 만약에 부탁을 들어주지 않는다면 도덕성과 인성을 비난한다. 그리고 이런 내용을 동료들에게 전파하여 부도덕한 사람으로 평판을 만든다.

  이런 사례를 두 번 정도 경험하게 되면 어느 순간 그들의 말 한마디에 몸부터 움직이게 된다. 이렇게 되면 어느새 자아가 매몰되어 사회 안에서 자신이 점점 사라지게 된다. 즉, 자기 생각이 사라지게 된다. 치알디니(Cialdini)의 연구에 따르면, 부탁을 거절하지 못하는 이유 중 하나는 사회적 거부에 대한 두려움이다. 이는 인간의 기본적인 욕구인 소속감이 영향을 미친다. 또한, 부탁을 받아들이는 경향은 문화적 요소에 의해 강화될 수 있다. 호프스테더(Hofstede)의 연구에 따르면, 집단주의 문화에서는 개인의 의견보다 그룹의 조화를 더 중요시하여 부탁을 거절하기 어려워한다.

  이런 핸들링 기술은 개인 간에만 존재하지 않는다. 부서와 회사의 운영에서도 사용된다. 부서원을 관리하기에 매력적인 방법이기 때문이다. 이 방법은 상호 존중이라는 포장지로 탈바꿈되기도 한다. 상호 존중이라는 슬로건을 내세우지만, 존중이 없는 관계 또는 발생시킬 수 없는 관계, 그 이면에서는 운영에 필요한 기술만이 진화해 왔다. 가령 목표의 비중, 밀도를 의사결정권자의 생존을 위해 상호 존중이라는 명분으로 구성원들을 현혹한다. 이런 목표의 특징은 다음과 같다.

- 구성원의 생각이 반영된 것처럼 보이지만 자세히 보면 없다.
- 단순함의 극치를 보인다.

- 들어 보면 필요한데 사례가 극히 적다.
- 효율성이 낮다.
- 단순해진 구성원의 찬성이 수반된다.
- 다수결 원칙을 이용하여 모두의 찬성인 것처럼 포장한다.

비판적 사고가 있는 자아의 경우 위와 같은 목표를 수행하는 데 상당히 어려움을 겪게 된다. 그 어려움은 난이도가 아닌, 자신을 설득하는 데 있다. 그래서 '시키니까 해야지.'라는 결론으로 본인을 설득하게 된다.

03 부서에서의 생존 전략

'조직에서 살아남기'는 직장 생활을 지속하고 급여를 받기 위한 핵심 목표이다. 이를 성취하기 위해 자신만의 방법, 즉 나에게 맞는 설루션을 발견, 개발하여 적용하는 것이 중요하다. 그중 효과적인 방법은 다음과 같다.

첫째, 실력으로 부서에서 1등을 유지하는 것이다. 부서가 지속되면 필수 인재로 자리매김할 수 있다. 카네기멜론대학교(Carnegie Mellon University)의 연구에 따르면, 지속적인 학습과 기술 향상은 직장 내 경쟁력을 유지하는 데 중요한 역할을 한다. 그리고 부서가 확장될 때 외부 인재가 영입되는 경우가 있다. 그럼 다시 경쟁이 시작되지만, 기존 인재가 홈팀의 이점을 가질 수 있다.

둘째, 리그에서 우승 후 연승의 자리를 유지하기 위해 지속적인 노력이 필요하다. 이를 위해서는 지속적인 학습이 필요하다. 새로운 기술을 먼저 습득하거나, 신기술 적용을 저지하는 기술을 습득하는 것도 방법이다. 탁월한 저지의 기술은 도덕성에 흠집을 내는 것이다.

셋째, 자기 생각과 색깔을 숨기는 것이다. 무색무취의 일산화탄소처럼 부서 전체도 모르게 중독시키면 된다. 무색무취의 존재는 조직 내에서 갈등을 피하고 생존할 수 있는 중요한 전략 중 하나로 여겨진다. 이를 통해 부서가 존재하는 한 살아남을 수 있다.

넷째, 항상 '네'라고 대답하고 결과는 은폐, 축소하며 노력을 과장하는 것이다. 이를 통해 긍정적인 이미지와 노력하는 이미지를 심어 줄 수 있다. 그뿐이다. 그만큼 노력하지 않아도 본인에게는 스트레스가 없다. 그리고 변명거리도 생겨 방어하기에 수월하다. 그 변명은 노력했지만, 실력이 부족하여 아쉬운 결과로 나타났다거나, 상사에게 가르침을 요구하면 된다. 그리고 그 가르침에 도덕적 흠결을 잡고 피해자 모드로 전환하면 된다. 또한 타인의 기회를 봉쇄시키기에 상대적 평가도 피할 수 있다. 네 가지 방법 중 가장 탁월한 방법이다.

04 조직 결속력을 강화하는 관리자 기술

 부서 내 인원이 증가하거나 새로운 멤버가 들어오거나 관리자가 새로 오거나 할 때, 부서에는 미묘한 기류가 생기기 마련이다. 이런 상황에서 관리자는 부서 관리를 위해 우위를 선점하고자 다양한 기술을 사용한다. 이러한 기술은 그 수준에 따라 고수, 중수, 하수로 구분될 수 있다.

 고수의 관리자 기술은 부서의 결속력을 강화하는 데 초점을 맞춘다. 관리자는 공통의 관심사나 분모를 찾으려 애쓴다. 이를 위해 공동의 업무 과제를 선정하고, 구성원들 간의 대화를 유도하며, 취미를 교류한다. 이러한 활동을 통해 구성원 스스로 공통점을 찾아 상호 간 교감의 길을 만든다.

 중수의 관리자 기술은 서열을 정리하고 조직 내 질서를 유지하는 데 중점을 둔다. 관리자는 권한을 사용해 나이, 직급 등을 기준으로 서열을 정리하고, 이를 회식 등의 활동을 통해 구성원들에게 인식시킨다. 무난한 강요와 설득을 병행하여 서열을 인정시키려 한다.

 하수의 관리자 기술은 부서 내 여러 소수 집단을 형성하고 그 집단의 리더 역할을 하려는 방식이다. 이는 이간질과 같은 비윤리적인 방법을 포함할 수 있다. 예를 들어, "A가 그러는데 너 때문에 상처를 받았다. 그런데 나는 A도 잘못했다고 생각한다." 또는 "부서원들이 같이 근무하기 힘들다던데, 나는 그렇게 생각하지 않는다. 그래도 조금 조심할 필요는 있다."와 같은 대화를 통해 감정의 골을 만들고, 이를 매개로 소수 집단을 형성하여 관리자의 위치를 유지하려 한다. 결국 상호 간 확인하기 껄끄러운 주제로 감정에 상처를 주고, 그 감정을 매개로 소수 집단을 형성하면서 관리자 위치를 유지하는 것이다. 물론 장기적으로 부서의 결속력과 생산성이 저하된다. 그러나 상관없다. 관리자로 있을 기간은 생각보다 짧기 때문이다.

05 직장에서 살아남기 위해 연기 학원을 다녀라

직장에는 수많은 사람이 있고, 그만큼 다양한 인지 체계가 존재한다. 같은 언행을 보고도 인지하는 내용이 다양하기에 상대가 직관적으로 이해할 수 있도록 연기하는 것이 필요하다.

▼ 1. 시각적 형태의 연기(시선 처리, 움직임, 태도)

본인의 의사를 긍정적인 표정과 적절한 제스처로 표현해야 한다. 이는 상대에게 나는 적군이 아닌 아군이라는 이미지를 심어 주는 데 효과적이다. 연구에 따르면, 인간의 의사소통에서 비언어적 요소가 전체 메시지의 93%를 차지한다고 한다. 이는 표정, 제스처, 시선 처리 등을 포함한다. 예를 들어, 미소를 짓거나 상대방의 눈을 바라보는 것은 신뢰와 긍정을 표현하는 데 매우 효과적이다. 이러한 비언어적 표현을 연습함으로써 자연스럽게 자신의 의사를 전달하는 능력을 기를 수 있다.

▼ **2. 청각적 형태의 연기(대사 처리, 발성)**

안정적인 목소리 톤을 유지하는 것도 중요하다. 안정적인 목소리는 청자의 신뢰와 이해를 높이는 데 기여한다는 연구도 있다. 예를 들어, 중요한 발표나 회의에서 자신감 있고 명확한 목소리 톤은 청중의 주의를 끌고 메시지를 효과적으로 전달하는 데 도움이 된다. 연기 학원에서는 발성과 대사 처리를 연습함으로써 다양한 상황에서 효과적으로 소통하는 법을 배울 수 있다. 이는 직장에서의 프레젠테이션이나 회의에서도 큰 도움이 된다. 안정적이고 명확한 목소리는 자신감과 전문성을 나타낸다.

직장에서 살아남기 위해서는 시각적 형태 및 청각적 형태의 연기를 효과적으로 사용하는 것이 중요하다. 이는 상대방이 직관적으로 이해하고 신뢰할 수 있는 이미지를 형성하는 데 큰 도움이 된다.

06 무색무취의 언어를 사용하고 행동하라

직장에는 수많은 사람이 있다. 이들은 입사 전까지는 회사의 이익을 위해 업무를 수행한다고 말하지만, 입사 후에는 자신의 이익에 따라 말하고 행동하는 직장인으로 변한다. 그리고 이들의 말솜씨와 행동도 점점 더 그런 방향으로 발달한다. 이러한 변화는 직장 내에서의 생존을 위해 필수적일 수 있다. 왜냐하면 자신의 이익을 우선시하는 사람들은 더 나은 입지를 차지하기 위해 다른 사람들과 경쟁하게 되며, 이 과정에서 더욱 능숙한 언어와 행동을 필요로 하기 때문이다. 따라서 이런 집단에서는 생각을 표현할 때 신중히 단어를 선택해야 하며, 행동도 조심해야 한다.

그러기 위해서는 무색무취의 언어와 행동을 사용하는 것은 필수적이다. 이는 자신을 보호하고, 불필요한 갈등을 피하며, 부정적인 평가를 방지하는 데 도움이 된다. 특히 직장 내에서 본인의 생각이나 의견을 직접적으로 표현하면 갈등이 발생할 수 있으며, 이는 직장 내 평판에 부정적인 영향을 미칠 수 있다. 따라서 신중한 언어 사용과 행동이 중요하다.

회사라는 조직에 속하는 순간 진취적인 생각이나 도전적인 의견, 개선의 필요성을 표현하는 직접적인 단어를 사용하면 곤경에 처할 확률이 높다. 그 곤경은 뒷담화의 주제가 되는 것이다. 만약 비난의 대상으로 선정되면, 두 사람 이상이 모이는 자리에서는 항상 화제의 대상이 된다. 이들과 생각이 다르다는 이유로 부정적인 평가와 평판이 확대 재생산되기 때문이다. 연구에 따르면, 직장 내 부정적 평가와 뒷담화는 직무 스트레스와 불만족을 증가시켜 업무 성과에 부정적인 영향을 미칠 수 있다. 따라서 단어 사용에 신중해야 한다. 예를 들어, "생각해 보겠다.", "다른 사람이 좋다면 나도 괜찮다.", "나는 잘 모르겠는데 당신이 좋다면 그렇게 하겠다." 같은 표현을 사용하는 것이 좋다.

행동도 마찬가지로 조심해야 한다. 플라톤(Platon)의 "행동이 말보다 더 큰 소리를 낸다(Action speaks louder than words)."라는 말처럼, 사람들은 말뿐만 아니라 행동으로도 당신의 생각을 읽고 평가한다. 소극적인 업무 태도를 가진 이들이 볼 때, 당신의 적극적인 업무 태도는 부정적 평가의 대상이 될 수 있다. 따라서 이렇게 행동해야 한다.

① 행동하기 전에 미소를 짓고 상대가 먼저 행동한 후에 실행하라.
② 지시를 받기 전에는 절대 먼저 움직이지 마라.
③ 지시를 받더라도 즉각적으로 움직이지 말고, 먼저 미소를 지어라. 그리고 다른 이가 움직이면 그때 움직여라.
④ 빠르게 행동하지 말고 상대가 거부반응을 보이기 애매한 속도로 움직여라. 그리고 항상 미소를 지어라.
⑤ 행동하기 전에 "어떻게 하면 될까요?"라고 물어보라. 진행 중에 지시받지 않은 상황을 만나면 멈추고 상대가 다시 지시할 때까지 기다리며 미소를 지어라.

이러한 행동과 언어 사용 방식은 직장 내 인간관계에서의 스트레스를 줄이고, 생존 가능성을 높이는 데 중요한 전략이 된다. 즉, 무색무취의 언어와 행동을 통해 자신을 보호하는 것은 직장 생활의 중요한 생존 전략이다.

07 직장에서 살아남기 위해 호흡을 다스려라

　흥분, 화, 나쁜 기분, 나쁜 감정, 질책 등은 긍정적인 효과로 돌아오기 어렵다. 이는 상대방과 주변 사람 모두가 과정, 내용, 이유보다 감정의 파장을 느끼고 부정적으로 기억하기 때문이다. 따라서 부정적인 기억을 주는 언행을 피해야 한다.

　연구에 따르면, 감정적으로 강한 경험은 뇌의 특정 부분, 특히 편도체와 해마에 더 많은 자극을 준다. 컬럼비아대학교 연구진은 두려운 환경에 놓인 쥐의 해마 뉴런들이 후에 그 경험을 떠올릴 때 동기화된 활동을 보였으며, 이 동기화가 기억 형성에 중요한 역할을 한다고 밝혔다. 감정적 기억은 생존과 관련이 있다. 두려움과 같은 강한 감정은 뇌가 미래의 유사한 상황을 피하거나 주의를 기울이도록 돕는다. 이는 인간이 위험을 피하고 생존할 수 있도록 돕는 중요한 메커니즘이다. 즉, 당신과의 대화에서 느낀 나쁜 감정은 당신을 기억하거나 만나게 되면 다시 활동하게 된다. 이 연구들은 사람들이 감정적으로 강한 사건을 비감정적인 사건보다 더 잘 기억하는 이유를 설명한다.

　한 회사에서의 사례를 통해 이를 더 구체적으로 이해할 수 있다. 박 과장은 프로젝트팀의 일원으로서 중요한 납기일을 맞추기 위해 노력하고 있었다. 하지만 최 과장은 지속적으로 납기일을 어기고 변명으로 일관하자, 박 과장은 점점 스트레스를 받기 시작했다. 이때 포유류에게 나타나는 투쟁-회피(Fight or Flight) 반응이 나타난다.

이 반응은 우리 몸의 자율 신경계가 활성화되어 위험에 즉각적으로 대처하기 위한 생리적 변화를 일으킨다. 투쟁-회피 반응은 코르티솔과 같은 스트레스 호르몬의 분비를 증가시키고, 심장박동수를 높이며, 호흡을 빠르고 얕게 만든다.

호흡이 짧아지면 투쟁 반응이 나타나는 전조 현상이 있다. 이는 불안과 공포를 유발하며, 신체가 즉각적으로 위험에 대응할 수 있도록 준비시키는 역할을 한다. 이 상황에서 박 과장은 최 과장에게 화를 내고 질책하는 대신, 깊은 호흡을 통해 자신의 감정을 조절하려고 노력했다. 박 과장은 화가 날 때마다 깊게 숨을 들이마시고 천천히 내쉬며 마음을 진정시켰다. 이러한 호흡 조절은 부정적인 감정을 언행으로 표출하지 않도록 도와주었고, 결국 팀 내 갈등을 피할 수 있었다. 그리고 동료들에게 부정적 기억을 남기지 않게 되었다.

직장에서의 감정 조절을 위해 다음과 같은 호흡 조절 방법을 시도해 볼 수 있다.

① 코로 깊게 숨을 들이마시고, 천천히 입으로 내쉬는 호흡을 반복한다. 이 과정에서 복부가 팽창하고 수축하는 것을 느낀다.
② 4초 동안 숨을 들이마시고, 7초 동안 숨을 참으며, 8초 동안 천천히 내쉬는 방법이다. 이 호흡법은 빠르게 심신을 진정시키는 데 효과적이다.
③ 편안한 자세로 앉아 눈을 감고, 호흡에 집중하며 마음을 진정시

키는 명상 호흡을 실천한다.

이러한 호흡 조절 방법은 자율신경계를 안정시키고 스트레스호르몬의 분비를 감소시켜, 불필요한 감정적 반응을 줄이는 데 도움을 준다. 따라서 호흡량을 늘리고 부정적 기억을 줄 수 있는 상황에서 호흡을 길게 하여 부정적 언행을 자제해야 한다. 이를 통해 직장에서 살아남을 수 있다.

08 적당히 아파서 살아남기

'적당히 아프다'라는 의미는 정기적인 진료가 필요하지만, 일상생활에는 지장이 없다는 의미이다. 그리고 1년에 한 번 2~3일 입원이 필요할 정도의 병을 의미하기도 한다. 만약에 입사 후 질병이 발생하면, 이는 직장 생활에서 유용하게 활용할 수 있는 최고의 무기가 될 수 있다.

연구에 따르면, 아픈 사람에게는 동정심이 자연스럽게 생기고, 잘해 주고 싶은 마음이 유발되기 때문이다. 예를 들어, 쉬고 싶거나 업무 강도가 높아질 것 같은 상황에서 병원 진료를 앞당겨 받는다. 그런 다음 몸이 좋지 않다고 상사에게 말한다. 상황을 보고 병원 진료 목적으로 5일 정도의 연차를 사용한다. 이런 방식은 무난하고 슬기로운 직장 생활을 위한 도구 중 하나이다. 쉬고 싶을 때나 업무 강도가 높아질 때, 정기적인 병원 진료를 활용해 일시적으로 일을 쉬는 전략을 사용할 수 있다.

예를 들어, 업무가 과중해질 것 같은 상황에서 미리 병원 예약을 잡아, 상사에게 건강 상태가 좋지 않다고 알리고 이후 병원 진료를 이유로 며칠의 연차를 사용하여 휴식을 취하는 것이다. 이러한 전략은 동료와 상사의 동정심을 유발하며, 무리한 업무를 피할 수 있게 해 준다. 박 과장의 경우, 중요한 프로젝트가 마무리될 시점에 병원 진료를 잡아 스트레스를 줄이고 에너지를 회복하는 데 활용했다. 이러한 방법은 동료들이 그의 건강을 염려하게 만들었고, 결과적으로 업무 부담을 줄이는 데 도움이 되었다.

적당히 아픈 상태를 유지하는 전략은 직장에서의 생존을 위한 유용한 도구가 될 수 있다. 이는 과도한 업무를 피하고, 필요한 휴식을 취할 수 있게 해 준다. 직장에서의 생존이 중요한 목표라면, 이를 위해 건강 상태를 전략적으로 활용하는 것도 때로는 슬기로운 선택일 수 있다.

걱정할 필요 없다. 살아남는 것이 목적이지 승진과는 거리가 있기 때문이다.

09 성과 포장 기술

　직장인은 성과에 따라 평가를 받는다. 이를 근거로 승진되고, 급여가 상승한다. 따라서 성과는 누가 보더라도 대단해야 하고, 범접할 수 없는 경지에 있어야 한다. 그러나 이런 성과를 낼 수 있는 아이디어는 극히 드물다. 그렇기에 업무의 성과를 말하기 전에 그 과정에서부터 과자 봉지 안의 질소처럼 포장해야 한다.

　포장은 이렇게 한다. 계획 단계에서는 이 일이 왜 필요한지, 그리고 지금까지 아무도 몰랐거나 관심 없는 사항을 자신이 발견했다는 뉘앙스를 만든다. 예를 들어, 새로운 시장 기회를 발견하거나 기존 시스템의 문제점을 강조할 수 있다. 또한, 이 일을 하지 않으면 문제가 커져 상당한 손해로 돌아올 수 있다는 두려움과 걱정을 유발한다.

　실행 단계에서는 늦게 퇴근하고 힘든 기색을 가끔 보여 주면서 긍정적으로 집중하는 모습을 보인다. 이는 유능하면서 열심히 일하는 이미지를 만들기 위해서다. 중요한 프로젝트 마감 전날 늦게까지 남아 일하거나, 주말에 출근하는 모습을 동료들에게 보여 주는 것이다. 이러한 행동은 당신이 얼마나 헌신적이고 노력하는지를 강조하는 데 도움이 된다.

　마무리 단계에서는 예상했던 결과에 참여했던 인원의 만족감을 덧입혀 준다. 팀원들이 얼마나 기여했는지를 강조하고, 그들의 노력을 인정해 준다. 또한, 계획 단계에서 예상한 결과보다 기준을 낮춘 뒤 결과가 더 좋게 나왔다는 식으로 포장하면 된다. 이를 통해 실제

성과보다 더 큰 성과를 이룬 것처럼 보이게 한다.

예를 들어, 박 과장은 회사의 내부 프로세스를 개선하는 프로젝트를 맡았다. 이 프로젝트가 회사 비용을 절감하고 효율성을 높일 것이라고 발표했다. 실행 단계에서 박 과장은 늦게까지 남아 일하고, 동료들에게 이 프로젝트의 중요성을 강조했다. 프로젝트가 성공적으로 마무리된 후, 박 과장은 팀원들의 기여를 칭찬하고, 실제 절감된 비용이 예상보다 높았다고 보고했다. 이로 인해 박 과장은 상사와 동료들로부터 높은 평가를 받게 된다.

최근 연구에 따르면, 인상 관리(Impression Management, IM)는 사람들이 자신을 긍정적으로 보이기 위해 사용하는 다양한 전략을 포함하며, 이는 직장에서의 평가와 경력 발전에 큰 영향을 미친다. IM 전략은 자기홍보(Self-Promotion)와 동료와의 연관성 강조(Association) 등을 포함하며, 이러한 전략을 효과적으로 사용하는 직원들이 더 높은 평가를 받을 가능성이 높다. 예를 들어, 자기홍보를 잘하는 사람들은 더 긍정적인 업무 평가를 받는 경향이 있으며, 이는 승진과 급여 인상으로 이어질 수 있다.

직장에서의 생존은 단순히 좋은 성과를 내는 것만이 아니다. 그 성과를 어떻게 포장하느냐에 따라 평가가 달라질 수 있다. 따라서 계획 단계에서부터 마무리 단계까지 모든 과정을 포장하는 법을 익히는 것이 중요하다. 이는 직장에서의 성공과 생존을 위한 중요한 전략이 될 수 있다.

10 상위 10%에 도전하라

직장(Workplace)을 선택하든, 직업(Job)을 선택하든 10% 안에 들어갈 수 있는 '곳'과 '것'을 선택해야 한다. 직장(곳)은 상위에 있는 대기업, 공사, 공단에 들어가야 한다. 직장이 상위에 있다고 하여 본인이 상위에 있다고 할 수는 없지만, 최소한 그 직장에 있는 동안에는 달콤한 열매를 맛볼 수 있다. 즉, 직장의 번영이 곧 자신의 번영으로 올 수 있는 확률이 높다. 예를 들어, 직장에는 수많은 부서가 있다. 그 부서 중 회사의 핵심 부서가 아닌 지원 부서에 합격하는 전략이다. 이는 상대적으로 적은 노력을 해도 되는 효율성 높은 전략이다.

직업(것)은 상위 10% 안에 있는 의사, 검사, 5급 공무원, 교사, 기술사, 교수, 도선사 등이 있다. 그 직업군에 들어가는 순간부터 진정한 10%의 국민이 된다. 노력 여하에 따라 10%의 10%에 들어갈 수 있다. 이를 위해서는 개인의 노력이 계속 필요하다. 또한 그들만의 경쟁이기에 엄청난 능력과 운도 필요하다.

상위 10%에 들어가기 위해서는 몇 가지 전략이 필요하다. 먼저, 목표를 명확히 설정하고 그 목표를 달성하기 위해, 필요한 자격증이나 학위 등을 취득해야 한다. 상위 10%에 들어가기 위한 구체적인 계획을 세우기 위해서는 다음과 같은 방법이 필요하다. 목표설정이론에 따르면, 명확하고 잘 정의된 목표는 성과를 크게 향상할 수 있다. 다음은 구체적인 계획 수립 방법이다.

▼ 1. SMART 목표설정

목표는 Specific(구체적), Measurable(측정 가능), Achievable(달성 가능), Relevant(관련성 있는), Time-bound(기한이 있는)이어야 한다. 예를 들어, "내년 말까지 IT 자격증 두 개를 취득하겠다."와 같은 구체적이고 측정 가능한 목표를 설정한다.

▼ 2. 계획 수립

- 목적: 목표를 달성하기 위한 명확하고 체계적인 로드맵을 제공함.
- 주체: 개인 또는 팀.
- 활동: 목표 달성을 위한 구체적인 단계 설정, 필요한 자원 및 시간 할당, 위험 요소 및 장애물 파악, 각 단계의 마일스톤 설정.
- 예시: "매주 5시간씩 IT 자격증 공부를 하겠다.", "첫 달에는 기본 개념을 학습하고, 둘째 달에는 실습을 진행하며, 셋째 달에는 모의시험을 보겠다."와 같은 구체적인 계획을 세움.

▼ 3. 진행 상황 모니터링

- 목적: 목표 달성 여부를 주기적으로 평가하고, 필요에 따라 계획을 수정.
- 주체: 주로 스스로 또는 팀 내에서 진행 상황을 점검.
- 활동: 일정 관리, 성과 측정, 목표 재평가 등의 활동을 포함.
- 주기: 정기적으로 (예: 매주, 매월) 진행 상황을 점검.
- 예시: 매월 말에 목표 달성 여부를 평가하고, 필요시 학습 시간을 조정.

▼ 4. 피드백 수용
- 목적: 외부의 객관적인 시각을 통해 자신의 성과를 개선.
- 주체: 동료나 상사 등 외부의 피드백 제공자.
- 활동: 피드백 받기, 피드백에 따른 행동 수정, 성과 개선 등의 활동을 포함.
- 주기: 프로젝트 중간 또는 완료 후, 비정기적으로 받을 수 있음.
- 예시: 프로젝트 진행 중 정기적인 피드백을 받아 업무 효율성을 높임.

부서 내 상위 10%에 들어가기 위해서는 특정한 전략이 필요하다. 첫째, 자신의 역량을 지속적으로 개발하고 최신 기술과 지식을 습득해야 한다. 둘째, 회사 내에서 네트워크를 구축하고 협력관계를 유지하는 것이 중요하다. 셋째, 주어진 업무를 신속하고 정확하게 처리하며, 창의적인 문제해결 능력을 발휘해야 한다.

▼ 역량 개발

직장에서 요구되는 기술과 지식을 지속적으로 향상하는 과정을 의미한다. 연구에 따르면, 성과 높은 조직은 직원들의 재교육과 역량 개발에 투자하며, 이를 통해 변화하는 업무 환경에 적응하고 성과를 유지한다.

① 스킬 갭 식별: 필요한 기술을 파악하고 이를 향상시키기 위해 무

엇이 필요한지 분석한다. 예를 들어, 소셜미디어 기술이 부족하다면 이를 개선하기 위한 계획을 세운다.
② 교육과 훈련: 온라인 코스, 워크숍, 세미나 등을 통해 필요한 기술을 학습한다. 예를 들어, 멀티캠퍼스와 같은 플랫폼에서 관련 코스를 수강할 수 있다.
③ 실습과 피드백: 배운 기술을 실제 업무에 적용하고, 피드백을 통해 지속적으로 개선한다.

▼ 네트워크 구축

네트워크 구축은 직장 내외부에서 인맥을 형성하고 유지하는 것을 의미한다. 이는 정보 교환, 협력, 지원을 통해 직장 생활의 질을 높이고, 더 나아가 경력 개발에 중요한 역할을 한다.

① 내부 네트워크: 회사 내 동료, 상사와의 관계를 강화한다. 정기적인 미팅, 협업 프로젝트 등을 통해 관계를 구축한다.
② 외부 네트워크: 산업 내 다른 전문가들과의 연결을 확대한다. 관련 세미나, 콘퍼런스, 온라인 포럼에 참여하여 네트워크를 확장한다.
③ 멘토링과 코칭: 경험 많은 전문가로부터 조언을 구하고, 필요한 경우 멘토링 프로그램에 참여한다.

▼ 창의적인 문제해결 능력

창의적인 문제해결 능력은 복잡한 문제를 새로운 시각에서 접근하고, 독창적인 해결책을 제시하는 능력이다. 이는 직장에서 혁신과 효율성을 높이는 데 중요한 역할을 한다.

① 문제 정의: 문제의 본질을 정확히 파악하고, 이를 구체적으로 정의한다.
② 브레인스토밍: 다양한 아이디어를 모으고, 이를 평가하여 최선의 해결책을 도출한다.
③ 프로토타입과 테스트: 해결책을 시도해 보고, 피드백을 통해 개선한다.

11 직장 생태계에서 은폐색과 경계색을 활용하여 살아남기

직장에서 성공적으로 살아남기 위해서는 다양한 전략이 필요하다. 특히, 직장 내의 다양한 사람들과 다양한 상황에 효과적으로 대처하는 방법을 이해하는 것이 중요하다. 이 글에서는 은폐색과 경계색을 활용한 생존 전략을 설명하고, 실제 사례를 통해 이러한 전략이 어떻게 적용될 수 있는지 살펴보고자 한다.

직장에는 여러 가지 성격과 배경을 가진 사람들이 모여 있다. 이 복잡한 환경 속에서 살아남기 위해서는 일단 가만히 있는 것이 중요하다. 처음에는 상황을 파악하며, 자신이 은폐색을 가질지, 경계색을 가질지 결정하는 시간이 필요하다.

《생명과학대사전》에서는 은폐색을 "동물 개체의 존재를 배경에 묻어 버리는 효과를 지니는 체색"이라고 설명한다. 포식자는 피식자의 경계를 받지 않고 접근할 수 있고, 피식자는 포식자의 눈을 피하기 쉽다. 예를 들어, 표범이나 호랑이의 얼룩무늬는 삼림 속 그늘과 혼동되기 쉽고, 녹색 나뭇잎 위의 녹색 사마귀는 발견하기 어렵다. 보호색은 피식자가 포식자로부터 회피하여 생존율을 높이고, 포식자는 환경에 적응된 색으로 사냥의 성공률을 높인다. 반면, 감추지 않고 일부러 눈에 띄는 색상으로 적을 위협하는 경계색도 있다. 이는 독을 품고 있음을 천적에게 알려 잡아먹히는 확률을 줄이는 보호색이다. 무당벌레와 무당개구리가 그 예다.

이런 자연의 섭리를 직장 생태계에 적용하면 다음과 같다. 은폐색을 취하면 포식자나 피식자 역할을 하게 된다. 포식자는 동료 위에서 군림하며 권력을 행사하고, 피식자는 다른 피식자의 희생이 있을 때까지 은폐색으로 숨어 지낸다. 경계색을 취하면 어떻게든 튀기 위해 노력하면 된다. 언급하거나 가까이하면 같이 죽는다는 강렬한 경계색을 만드는 것이다. 직장에서는 경계색을 가진 사람이 잘못해도 쉽게 지적할 수 없을 정도로 강한 색채를 띠는 것이다. 이러한 사람은 주변 동료들이 엮이고 싶지 않아 피하게 된다.

은폐새 또는 경계색이 없다면 제일 먼저 잡아먹히게 된다. 또는 배부른 고양이가 쥐를 갖고 놀듯, 지쳐 서서히 죽거나 떠날 때까지

놀잇감이 된다. 이런 상황을 피하기 위해서는 은폐색이나 경계색을 띠지 않은 동료를 찾아 포식자에게 던져 줘야 한다. 직장에서 이러한 자연의 법칙을 전략적으로 적용할 수 있다. 우선, 상황을 잘 파악하고 가만히 있는 것이 중요하다. 그 기한은 문제를 만드는 문제아가 나타나기 전까지이다. 그 시기를 잘 견뎌 내면 환경에 적응할 시간을 벌게 되고, 이후에 자신이 은폐색을 취할지, 경계색을 취할지 결정할 수 있다.

예를 들어, 김 사원은 대기업에 신입사원으로 입사했다. 초기에는 회사 내 분위기와 동료들의 성향을 파악하기 위해 조용히 지내며 눈에 띄지 않으려 노력했다. 팀 회의에서도 적극적으로 발언하기보다는 경청하며 상황을 파악하는 데 집중했다. 이 과정에서 김 사원은 팀 내 주요 인물들과 그들의 역할을 파악하고, 자신이 어느 위치에 서야 할지 판단했다. 그는 피식자의 보호색을 갖게 되었다.

반면, 박 과장은 회사 내에서 두드러진 성과를 내기 위해 과감하게 자신을 드러내기로 결심했다. 팀 프로젝트에서 적극적으로 아이디어를 제시하고, 어려운 문제를 해결하는 데 앞장섰다. 자신의 전문 지식을 바탕으로 팀원들을 도와주며 리더십을 발휘했다. 이러한 적극적인 태도 덕분에 박 과장은 상사와 동료들로부터 인정받았고, 빠르게 승진할 수 있었다. 그는 포식자의 보호색을 갖게 되었다. 또 다른 예로, 김 대리는 경계색을 활용하여 자신의 존재감을 드러냈다. 직장 내에서 쉽게 엮이고 싶지 않은 성격을 보여 주었고, 잘못을 저질러도 동료들이 지적하기 어려운 분위기를 만들었다. 이러한 전략을 통해 김 대리는 불필요한 갈등을 피하고 자신의 자리를 지킬 수 있었다.

직장에서 은폐색을 취하는 것은 특정 상황에서 눈에 띄지 않게 조용히 업무를 수행하며, 불필요한 갈등을 피하는 것을 의미한다. 반면, 경계색을 취하는 것은 적극적으로 자신의 존재를 알리고, 자신에 대한 부정적 평가는 공멸의 길이라는 것을 알리는 것이다. 이러한 전략을 통해 직장에서 살아남을 수 있다.

5장
직장인의 일상과 성찰

5장 스토리텔링

지금 배운 대로 살고 있는 직장인은 소득수준 상위 10% 안에 있다. 학창 시절부터 부모님의 기대에 부응하기 위해 열심히 공부했고, 대학과 전공을 선택하여 학점을 따기 위해 계획을 세우고, 최상의 결과를 내기 위해 최선을 다했다. 그러나 배운 대로만 사는 삶은 진정한 의미와 깊이를 찾지 못하고, 타인의 기대와 사회적 규범에 얽매여 비진정성의 상태에 머물게 된다. 우리는 이러한 삶의 한계를 인식하고, 자신의 존재를 자각하며 진정성 있게 살아가기 위해 노력해야 한다. 그뿐인 직장인의 삶을 넘어서, 자신의 본질을 형성하고 진정한 의미를 찾는 삶을 살아가야 한다.

그 과정에 필요한 에너지는 대화와 공감 그리고 망각이다. 그 에너지를 사용하여 회사 생활에 필요한 자신만의 아이템을 만들 수 있다. 대화는 업무 수행에 있어 중요한 역할을 한다. 동료를 이해하고 효과적인 업무 수행에 필요한 기초가 된다. 더불어 동료를 공감할 수 있는 기회를 준다. 그러나 공감하지 못하는 이들이 상사나 리더의 위치에 있을 때, 대화할 때마다 마음에 상처를 입는다. 반면, 공감 능력이 우수한 이들은 주어진 것에 감사하며 적절한 방법으로 동료를 공감하기 위해 노력한다.

회사는 때에 따라 공감 능력이 없는 이들에게 마치 있는 것처럼 행동하도록 교육한다. 그러나 이런 교육은 오히려 공감 능력이 있는 이들에게 더 큰 고통을 줄 수 있다. 차라리 회사는 공감 능력을 요구하기보다 건조한 절차를 교육하는 편이 효율적일 것이다.

공감 능력이 우수한 이들이 공감 능력이 없는 이에게 받은 상처를 치유하거나 받지 않기 위해서는 결국 스스로 강해져야 한다. 몸과 마음이 강해져야 한다. 우선 몸부터 강해지도록 헬스나 격투기 운동을 하면 도움이 된다. 그리고 그 상처로 인해 생기는 외로움을 극복하기 위해서는 공통의 관심사가 있는 동료를 찾고, 소통을 통해 서로의 가치를 인정해 주는 과정이 도움이 된다.

그리하면 지금에 집중하게 되고 나를 증명하게 된다. 지금에 집중한다는 것은 현재의 순간을 최대한 활용하고, 과거나 미래에 휘둘리지 않는 삶이다. 이는 지금, 이 순간이 가장 중요하다는 것을 깨닫고, 현재에 충실할 때 비로소 행복과 성공을 얻을 수 있음을 의미한다. 나를 증명하는 것은 단순히 직업이나 직장에 국한되지 않는다. 나의 열정과 도전을 통해 나 자신을 증명하고, 진정한 나의 가치를 찾는 것이다.

01 배운 대로 산다는 것은 그뿐이다

　어디서, 누구에게 배웠는지도 모른다. 어쩌면 태어날 때부터 자아에 있었는지도 모른다. 이 감정은 쾌이다. 여기에서의 쾌는 본능적인 욕구(식욕, 수면욕, 성욕)가 충족됐을 때 느끼는 감정을 의미하지 않는다. 무엇인가를 성취했을 때 느끼는 쾌를 말한다.

　배운 대로 산다는 것은 그뿐이다. 이 표현은 어디서, 누구에게 배웠는지도 모르는 상태에서 무의식적으로 삶을 살아가는 사람들을 의미한다. 이런 직장인들은 자신의 삶을 깊이 성찰하지 않고, 주어진 길을 따라가는 것에 익숙하다. 특히 직장인 중 많은 이들이 이러한 방식으로 삶을 살아가고 있다.

　지금 배운 대로 살고 있는 직장인은 소득수준 상위 10% 안에 있다. 이 직장인은 학창 시절부터 부모님의 기대에 부응하기 위해 열심히 공부했고 대학과 전공을 선택하고 학점을 따기 위해 계획을 세우고, 최상의 결과를 내기 위해 최선을 다했다. 대학에서도 주어진 과제와 시험에 집중하여 높은 학점을 유지하며 졸업했다. 이후에도 그는 진로를 위해 배운 대로 삶을 살았다. 이 직장인은 자신의 일과 생활에 대해 깊이 생각하지 않고, 매일 반복되는 일상을 단순히 반복하고 있다. 급여를 받고 소비와 저축을 반복하며 재산을 쌓기 위해 끊임없이 노력도 하고 있다. 시간이 흐를수록 그는 자신의 일상을 포기하고 목표 달성을 위한 희생도 감수하고 있다. 결국 본인의 삶이 어떻게 흘러가는지 깊이 고민하지 않게 된다. 이는 그가 배운 대로 살았고, 살고 있다는 증거이다. 그는 단순히 소득수준 상위 10%에 있는 직장인일 뿐이다.

 이러한 삶은 단지 월급날을 기다리는 한 명의 직장인의 삶이다. 그는 학창 시절 배운 대로 살고 있지만, 그 삶에는 깊이와 인간미가 부족하다. 단지 배운 대로 살고 있는 직장인 그뿐이다. 그와의 관계에서 다른 것을 기대하지 말고, 그저 그가 배운 대로 살고 있는 직장인으로 이해해야 한다. 인간미와 깊이 있는 관계를 기대하기보다는, 그가 살아온 방식과 현재의 삶을 인정하고 받아들이는 것이 중요하다. 결국, 그뿐인 직장인과의 관계에서는 그뿐인 기대만을 가져야 한다.

 철학자 마르틴 하이데거(Martin Heidegger)는 인간의 존재를 '현존재(Dasein)'로 정의하며, 인간이 자신의 존재를 자각하고 진정성 있게 살아갈 때 비로소 진정한 의미를 찾을 수 있다고 주장했다. 그러나 배운 대로만 살아가는 사람들은 이러한 자각 없이 타인의 기대와 사회적 규범에 따라 삶을 영위한다. 이는 하이데거가 경고한 '비진정성(Inauthenticity)'의 삶이다. 하이데거는 인간이 '죽음에 이르는 존재'로서, 자신의 유한성을 깨닫고 이에 맞서 살아가야 한다고 말했다. 그러나 배운 대로만 사는 사람들은 자신의 유한성을 자각하지 못하고, 단순히 반복되는 일상에서 진정한 삶의 의미를 찾지 못한다.

 또한, 실존주의 철학자 장 폴 사르트르(Jean Paul Sartre)는 인간이 자유롭게 선택하고 행동함으로써 자신의 본질을 만들어 간다고 보았다. 그러나 배운 대로만 살아가는 사람들은 타인의 기대와 사회적 규범에 얽매여 자신의 자유를 자각하지 못하고 스스로 본질을 형성하지 못한다.

결국, 배운 대로만 사는 삶은 진정한 의미와 깊이를 찾지 못하고, 타인의 기대와 사회적 규범에 얽매여 비진정성의 상태에 머물게 된다. 우리는 이러한 삶의 한계를 인식하고, 자신의 존재를 자각하며 진정성 있게 살아가기 위해 노력해야 한다. 그뿐인 직장인의 삶을 넘어서, 자신의 본질을 형성하고 진정한 의미를 찾는 삶을 살아가야 한다.

그뿐이다.

02 맥락과 의지를 통한 의사소통

대화는 업무 수행에 있어 필수적인 도구이다. 그러나 생각보다 많은 이들이 대화에 어려움을 겪고 있다. 이 문제의 본질은 다음과 같다.

첫째, 맥락의 이해보다 한 단어에 집중하는 경향이 있다. 이는 유의어와 동의어를 이해하지 못하는 데서 비롯된다. 사람의 뇌는 자주 사용하는 단어에 최적화되어 있으며, 잘 사용하지 않는 단어를 소화하는 데 시간이 필요하다. 그러나 대화의 속도는 이러한 로딩 시간보다 빠르게 진행된다.

언어학자 조지 레이코프(George Lakoff)와 마크 존슨(Mark Johnson)은 《Metaphors We Live By》에서 언어의 메타포가 우리의 사고와 행동을 어떻게 형성하는지를 설명하였다. 이들은 우리가 사용하는 언어가 우리의 인식과 경험을 어떻게 구조화하는지에 대해 논의했다. 따라서 대화에서 한 단어에 집중하기보다는 그 단어가 사용되는 맥락을 이해하는 것이 중요하다. 언어의 메타포적 특성을 이해하면, 대화의 흐름을 더 잘 파악할 수 있다.

둘째, 상대의 의견, 생각, 취지를 이해하려는 의지와 태도가 부족하다. 대화는 상대의 반응을 관찰하면서 진행해야 한다. 그래야 상황에 맞게 대화의 방법을 변경할 수 있다. 그러나 이해하려는 의지와 태도가 부족한 사람들은 자신의 이야기를 자신의 방식으로만 전달하려 한다. 이에 따라 대화가 연결되지 않고, 소통에 어려움이 발생한다.

하버마스(Jürgen Habermas)는 의사소통행위이론에서 대화의 목적이 상호이해와 합의에 있음을 강조했다. 하버마스는 의사소통이 단순히 정보를 전달하는 것이 아니라, 사회적 상호작용을 통해 의미를 공유하는 과정이라고 보았다. 따라서 대화의 성공은 상대방의 의견을 존중하고, 이를 통해 상호 이해를 증진하려는 태도에 달려 있다.

결론적으로, 대화는 업무 수행에 있어 중요한 역할을 한다. 대화의 어려움을 극복하기 위해서는 맥락을 이해하고, 상대의 의견을 존중하는 태도가 필요하다. 이를 통해 원활한 대화가 가능해지고, 효과적인 업무 수행이 이루어질 수 있다. 대화를 개선하려는 노력은 개인의 성장을 촉진하고, 조직의 성공에도 기여할 것이다.

03 상대의 감정을 공감 못 하는 직장인

타인의 감정보다는 자신의 감정이 우선이고, 전부인 사람이 있다. 이들은 자신의 감정을 세상에서 가장 소중하다고 생각한다. 그들의 슬픔은 항상 상대의 슬픔보다 더 크다고 느끼기 때문에 타인의 감정에는 무관심하고 공감하지 않는다. 이러한 현상은 '공감 결핍'으로 설명될 수 있다. 이는 개인이 자신의 감정을 우선시하고 타인의 감정을 인식하거나 이해하는 능력이 부족한 상태를 말한다. 공감 능력은 인간관계와 사회적 상호작용에 있어 중요한 역할을 한다. 연구에 따르면, 공감 능력이 높은 사람은 타인의 감정을 더 잘 이해하고, 이를 바탕으로 적절한 행동을 취할 수 있다. 반면, 공감 능력이 부족한 사람은 사회적 관계에서 갈등을 초래하기 쉽다.

그들만이 사는 세상은 그들만의 세상이므로 문제가 되지 않는다. 그러나 그들이 주류를 이루고 있는 세상에서 타인의 감정에 공감하며 이해하려는 이들과 함께 있을 때 문제가 발생한다. 특히, 공감하지 못하는 그들이 상사나 리더의 위치에 있을 때 공감 능력이 있는 이들에게 감정의 상처를 준다. 이런 상처는 아물기 전에 다시 상처를 입게 된다.

그들이 상처를 줄 수 있는 위치까지 올라가기 위해 사용한 기술은 다양하다. 지위나 권력을 잡기 위해 독하게 공부하거나, 타인을 이용하거나, 피해자 코스프레를 이용한 동정심을 유발하는 기술이 대표적이다. 그 결과, 이런 능력이 향상될 수밖에 없다. 예를 들어, 김 대리는 상사의 자리를 차지하기 위해 동료들의 아이디어를 가로채고, 자신의 공로로 만든다. 또한, 자신이 어려운 상황에 처한 것처럼 동정심을 유발하여 상사들의 신뢰를 얻는다. 결국 김 대리는 상사로 승진하지만, 그의 동료들은 그의 진정성을 의심하게 된다. 이에 반해 공감 능력이 우수한 이들은 죽기 살기로 노력하기보다는 주어진 것에 감사하는 마음으로 적절한 방법으로 노력한다. 박 과장은 직원은 동료들과 협력하며, 자신의 성과뿐만 아니라 팀의 성과를 중요하게 생각한다. 그는 상사의 자리를 얻지 못할지라도, 동료들에게 신뢰와 존경을 받는다.

결론적으로, 타인의 감정을 공감하지 못하는 직장인은 조직 내에서 문제를 일으킬 수 있다. 공감하지 못하는 이들이 상사나 리더의 위치에 있을 때, 그들의 무관심은 부하직원들에게 감정적인 상처를 준다. 반면, 공감 능력이 우수한 이들은 주어진 것에 감사하며 적절한 방법으로 노력하여 조직 내에서 긍정적인 영향을 미친다.

04 직장 내 공감의 한계

　마틴 호프만(Martin Hofmann)은 공감이 타인에 관한 관심의 불꽃이자 사회적 삶을 가능하게 만드는 접착제라고 하였다. 이 접착제는 직장이라는 사회도 필요하다. 그렇다고 하여 공감을 강요할 수는 없다.

　직장에서는 공감을 요구하지만, 그것을 직접적으로 내세우지는 않는다. 대신 조직 문화, 인류 공헌, 조직력 강화 등으로 표현된다. 이러한 표현들은 주로 관리에 중점을 두고, 행동을 유도하거나 금지하는 데 목적이 있다. 이는 행동주의처럼 자극과 반응 또는 보상과 처벌의 관점에서 직장인에게 요구된다.

　그러나 직장인 중에는 공감 행동을 하기 전에 인지하는 과정이 필요한 경우가 있다. 즉, 정의적 관점, 사회 학습 관점, 구성주의 관점, 경험주의 관점 등 저마다의 관점에서 이를 인지하는 과정이 다를 수 있다. 그중 공감 능력이 높은 이들은 공감에 기반을 두고 있기에 직장에서 요구하는 공감 행동을 인지하기 어려울 수도 있다. 왜냐하면 직관적이며 본능적으로 공감하고 배려하는 행동을 하기 때문이다. 또한, 어떤 상황에서 이런 행동을 해야 한다는 형식적인 공감 행동은 이들에게는 필요치 않다. 마치 법 없이도 사는 사람처럼, 이들은 이런 형식과 교육이 필요치 않다. 그러나 회사에서는 정기적으로 교육하고 요구한다.

　이는 회사라는 거대한 조직에서 이런 공감 능력을 줄이거나 죽여서 직원 관리에 소요되는 시간을 줄이기 위함이다. 그리하여 생산 능력을 높이고, 분리된 관점보다는 통합적인 관점에서 수월한 관리에 목적이 있다. 이는 공감 능력이 있는지 없는지에 따른 집단화보다 공감 능력을 줄이거나 평준화하는 편이 더 효과적이고 효율적인 방법이기 때문이다.

05 망각의 축복과 양심의 죽음

그리스 신화에 나오는 망각의 강 레테(Lethe)를 지나가기 전에 본인의 과오, 실수, 무책임한 행동, 불법적 행동, 부도덕한 태도 등을 잊는다는 것은 축복일 수 있다. 비의도적인 경우, 이는 시간의 흐름이라는 과정에서 자연스럽게 일어나는 결과이다. 심리학적으로, 이는 '시간의 치유'로 알려져 있으며, 시간이 지남에 따라 부정적인 감정과 기억이 희미해지는 자연스러운 심리적 과정이다. 그러나 의도적으로 과오를 잊는 것은 회피 본능에서 기인한 것이다.

프로이트(Freud)에 따르면, 이러한 행동은 방어기제(Defense Mechanism)의 일종인 억압(Repression)으로 설명될 수 있다. 억압은 고통스러운 기억이나 생각을 의식적으로 잊으려는 무의식적인 노력으로, 장기적으로는 개인의 정신 건강에 부정적인 영향을 미칠 수 있다. 그 부정적 영향은 자신의 양심을 서서히 죽게 만든다.

양심(Conscience)은 도덕적 판단과 관련된 심리적 기능으로, 잘

못된 행동에 대한 죄책감과 반성을 유도한다. 그러나 지속적으로 과오를 잊으려는 노력은 양심의 기능을 약화시키고 양심의 호흡을 멈추게 한다. 그렇게 되면 사과와 반성 없는 삶을 살게 된다. 이는 사회심리학적 관점에서 '도덕적 이탈(Moral Disengagement)'로 설명될 수 있다. 도덕적 이탈은 개인이 자신의 비윤리적 행동을 정당화하거나 무시하는 심리적 과정을 말한다. 이를 공개적으로 하면 주위로 확산하게 된다. 일종의 전염병이다. 예를 들면, 한 조직에서 일부 직원들이 회사 자원을 개인적으로 사용하는 것을 목격한 다른 직원들이 이를 모방하기 시작하는데, 처음에는 소수의 직원만이 이러한 행동을 했으나, 시간이 지나면서 더 많은 직원이 이를 따라 하게 되는 사례가 이에 속한다.

반두라(Bandura)의 사회학습이론에 따르면, 사람들은 타인의 행동을 관찰하고 모방한다. 따라서 양심 없이 행동하는 사람의 태도는 주변 사람들에게도 영향을 미쳐 더 많은 사람이 유사한 방식으로 행동하게 된다.

06 별이 지는 새벽 출근길에 들리는 마음의 소란

퇴근하는 차 안에서 내일 출근을 걱정하고, 침대에서 밤새 잠 못 이루고 여러 감정으로 뒤척이다가 새벽에 출근 룩을 걸치는 직장인은 슬기롭지 못하다. 슬기롭지 못하기에 매일 상처 입고 근심과 걱정을 한다. 그리고 그 사람들을 봐야 한다는 생각에 점점 커지는 불안감이라는 풍선은 터지고 만다. 그 풍선에서 나온 불안은 가슴을 쪼고 뜯고 밟는다. 마음이 아프다 못해 쓰리다.

 이런 경험을 오래 하는 슬기롭지 못한 직장인은 그 사람에게 맞추기 위해 일이 아닌 그 사람을 연구한다. 그러나 연구하면 할수록 그 사람의 늪은 깊고 넓어진다. 그 늪 속에서 살기 위한 몸부림만 있을 뿐이다.

 매일 별이 지는 새벽에 출근하는 직장인은 몸과 마음이 지쳐 간다. 퇴근 후에도 내일을 걱정하고, 밤새 잠 못 이루며 걱정과 불안 속에 뒤척인다. 이는 단순히 육체적인 피로를 넘어, 정신적인 고통을 안겨 준다. 아침이 되면 어김없이 출근을 준비하며 마음속 불안감과 싸운다.

 직장 내에서의 인간관계는 이렇게 직장인을 힘들게 한다. 특히, 상사나 동료와의 관계에서 오는 스트레스는 불안감을 증폭시킨다. 마음속에서 커지는 불안감은 마치 터지기 직전의 풍선처럼 점점 팽창한다. 결국에는 그 불안감은 터져 가슴을 찢고 상처를 남긴다. 이런 상태에서는 마음의 평안을 찾기 어렵다.

 불안과 스트레스를 겪는 직장인은 종종 그 사람에게 맞추기 위해 애쓴다. 일을 잘하기 위해서가 아니라, 특정 사람과의 관계를 원활히 하기 위해 그 사람을 연구한다. 그러나 이는 일시적인 해결책일 뿐, 문제의 근본적인 원인을 해결하지 못한다. 오히려 그 사람의 성향을 분석하고 맞추려 할수록 더 깊은 늪에 빠져들게 된다.

이 늪에서 벗어나기 위해서는 몸부림칠 수밖에 없다. 하지만 슬기롭지 못한 대처는 문제를 더 복잡하게 만들 뿐이다. 중요한 것은 문제의 근원을 찾고, 이를 해결하기 위한 근본적인 접근을 하는 것이다. 때로는 직장 내에서의 관계를 재평가하고, 불필요한 스트레스를 줄이기 위한 전략이 필요하다. 그 전략은 앞서 4장에서 설명하였다. 부디 효과가 있기를 소망한다.

* 지금부터는 현실을 말하고자 한다.

회사를 보고 갔다가 팀장을 보고 나간다는 말이 있다. 사람 때문에 힘들면 둘 중 하나는 이동해야 한다. 그런데 부서 이동이 어려운 이유는 부서장의 부서 관리 능력 부족과 인사팀의 인사 오류를 쉽게 인정할 수 없기 때문이다. 또한, 그들만의 문제로 정의 내려야 그들만의 문제로 끝낼 수 있기 때문이다.

부서를 이동할 때는 보통 힘이 없거나 착한 사람이 이동한다. 만약에 당신이 부서를 이동했다면 둘 중 하나이다. 그 과정이나 부서 이동 후에는 전에 비해 관심을 주는 이가 적다 못해 전무(全無)하다. 말 한마디 건네는 이도 드물다. 이들과 가까울수록 그 공격의 대상이 자신이 될 수 있다는 불안감이 심연(深淵)에 있기 때문이다.

결국 스스로 강해져야 한다. 몸과 마음이 강해져야 한다. 우선 몸부터 강해지도록 헬스나 격투기 운동을 하면 도움이 된다. 의외로 이들은 동물적 생존 본능이 우수하기에 강해 보이는 상대는 본능적으로 피하거나 친구로 만들려고 한다. 급하면 몸부터 키워라. 자연스럽게 마음의 소란도 줄어들 것이다.

07 직장에서 경험하는 외로움과 고독

　인생은 외롭고 고독하다. 이런 감정은 누구나 경험한다. 독일의 신학자이자 루터교 목사 폴 틸리히(Paul Tillich)는 "외로움이란 혼자 있는 고통, 고독은 혼자 있는 즐거움"이라고 하였다. 직장에서 경험하는 외로움은 자신이 생각하는 관계와 직장 내에서 경험하는 관계의 차이에서 발생하는 고통이다. 이는 개인별로 느끼는 주관적 생각이다. 그러나 당사자가 느끼는 감정이 다음과 같다면 그것은 스스로 인지하지 못하는 외로움이다.

구분	하부 요인
절망	절망감, 공포, 무력감, 두려움, 무망감, 황폐함, 취약함
우울	슬픔, 우울감, 공허함, 소외감, 자기연민, 비애, 누군가와 있고 싶은 갈망
견디기 힘든 권태	조급함, 지루함, 다른 곳에 있고 싶은, 화가 난, 집중하기 힘든
자기비난	자신이 없는, 수치스러운, 멍청한, 자기를 비하하는, 매력이 없다고 느끼는

※ Rubenstein et, (1979)

외로움의 다른 모습은 고립이다. 사회적 고립이라고도 한다. 관계 부족, 낮은 접촉, 다양성의 결핍 등으로 고립을 경험한다. 그래서인지 신입사원의 경우 그 외로움이 아닌 고립을 극복하고자 동기 모임을 만들거나 동문을 찾는지도 모르겠다.

외로움과 유사하지만, 직장에서 경험하는 고독은 본인에게 긍정적인 영향을 미친다. 명언을 살펴보면 그 영향은 긍정적인 면이 강하다. 요한 볼프강 폰 괴테(Johann Wolfgang von Goethe)는 "재능은 고독 속에서 가장 크게 발전시킬 수 있지만, 인격은 세상의 험난한 풍파 속에서 가장 잘 형성된다."라고 말했다. 펄 벅(Pearl Buck)은 "내 안에는 나 혼자 살고 있는 고독의 장소가 있다. 그곳은 말라붙은 당신의 마음을 소생시키는 단 하나의 장소다."라고 했다. 해럴드 블룸(Harold Bloom)은 "제대로 된 독서는 고독이 줄 수 있는 훌륭한 기쁨 중 하나이다."라고 강조했다.

* 지금부터는 나의 이야기이다.

직장에서의 외로움은 나에게 아주 커다란 영향을 미친다. 동료들과 대화를 나누고, 기쁨과 아픔을 공유하지만, 여전히 외롭다. 이 외로움은 단순히 물리적인 거리나 대화의 부족에서 오는 것이 아니다. 이는 더 깊은 차원에서, 공통된 관심사와 가치의 부재에서 비롯됐다.

석사와 박사과정에서 만난 사람들과는 달랐다. 그들과는 공통된 관심사가 있었고, 연구와 학문이라는 공통의 목표가 있었다. 그들과의 대화는 자연스럽게 깊어졌고, 그들과의 관계는 외롭지 않았다. 그러나 현재 직장에서는 그런 공통의 관심사나 목표가 없다. 우리는 단순히 일을 처리하는 동료일 뿐, 그 이상의 관계를 형성하기 어렵다.

이전 직장들에서는 가끔 외로웠지만, 대부분 동료와의 관계는 원활했고, 그들과의 소통은 큰 위로가 되었다. 그러나 현재 직장에서는 항상 외로움을 느낀다. 이는 업무보다는 직무 태도와 철학을 논하는 분위기 때문이다. 우리는 서로의 가치를 공유한다고 말하지만, 실제로는 그렇지 않다. 그들의 가치는 그들의 결론이며, 우리는 그 결론에 따르는 일개 유닛에 불과하다.

그들은 형이상학적인 표현으로 말을 하지만, 그 본질은 단순하다. '이를 수행하면, 먹고살게는 해 줄게.' 차라리 이렇게 말하면 좋으련만, 그들은 도덕성에 흠이 가는 것이 두려운지 어렵게 말한다. 몇 번을 재해석해야 그들의 말을 이해할 수 있다. 그럼에도 나는 감사한 마음으로 그들이 주는 월급을 받고 있다.

이 외로움은 마치 사막 한가운데서 혼자 길을 잃은 느낌이다. 주변에 사람이 있지만, 정작 내 마음을 이해해 주는 이는 없는 듯하다. 물을 찾아 헤매는 동안 내 갈증은 점점 심해지고, 아무리 외쳐도 대답이 없다. 직장에서의 외로움은 나 혼자만의 문제가 아니다. 많은 사람이 비슷한 고통을 겪고 있다. 그러나 우리는 계속해서 출근해야 한다. 생계를 유지하기 위해, 가족을 부양하기 위해, 사회적 책임을 다하기 위해 우리는 매일 아침 일어나 출근길에 나선다.

외로움을 극복하기 위해서는 공통의 관심사를 찾고, 진정한 소통을 통해 서로의 가치를 이해하는 노력이 필요하다. 나와 같은 고민을 하는 많은 직장인이 이 글을 통해 자신의 감정을 인정하고, 필요한 도움을 찾으며, 진정한 소통과 이해를 통해 외로움을 극복할 수 있기를 바란다.

08 지금에 집중하기

가장 소중한 지금에 집중하기란 생각보다 쉽지 않다. 2019년 JTBC에서 방영된 드라마 〈눈이 부시게〉의 마지막 엔딩 대사 중 하나가 이를 잘 설명한다.

"후회만 가득한 과거와 불안하기만 한 미래 때문에 지금을 망치지 마세요. 오늘을 살아가세요. 눈이 부시게 당신은 그럴 자격이 있습니다."

이 대사가 이남규 작가님의 생각인지, 시나리오를 쓰면서 교감한 김혜자의 이야기인지는 모르겠지만, 듣고 읽는 이에게 큰 울림을 주었다. 2019년과 다르게 2024년 6월에 다시 이 대사를 읽어 보니 삶에 관한 철학이 함축되어 있고, 심리 상담까지 이어지고 있다. 그리고 내일이 아닌 지금에 집중하여 계획에 따라 움직일 수 있는 에너지를 준다.

'후회'라는 단어는 나에게 깊은 성찰의 시간을 주었다. 단어의 뜻을 살펴보면서 내가 후회하는지, 반성하는지를 다시 생각해 보았다. 그리고 언제 후회와 반성을 하는지, 그 과정이 적절한 방향인지도 돌아보았다. 후회(後悔, Regret)는 표준국어대사전에 따르면 "이전의 잘못을 깨치고 뉘우침"이다. 한자의 어원을 보면, 悔 자는 心(마음 심) 자와 每(매양 매) 자가 결합한 모습이다. 每 자는 비녀를 꽂은 여자를 그린 것으로, 어머니를 뜻하는 母(어미 모) 자와 같은 뜻으로 쓰였었다. 이렇게 어머니를 뜻하는 每 자에 心 자가 결합한 悔 자는 은혜에 보답하지 못한 것에 대한 '후회'를 표현한 글자이다.

영어의 어원은 14세기 후반의 Regreten, '슬프거나 못내 아쉬워하며 과거를 돌이켜 본다.'라는 의미에서 시작하여, 1550년대부터는 '(사건, 행동, 사실의 밝혀짐 등에) 슬퍼하거나 애통해한다.'라는 의미로 사용되었다. 이 어원을 생각해 보면, 후회는 나와 주변 사람들에게 부정적 영향을 미쳤을 때 발현되는 심리다. 반면, 반성은 자신을 중심에 두고 진행되는 심리다. 즉, 반성보다 후회를 먼저 하는 이들의 심성에는 타인에 대한 연민과 애민이 있음을 짐작할 수 있다.

이를 직장이라는 환경에 대입하면, 후회하는 직장인은 슬프다. 후회에는 직장동료가 포함되어 있기 때문이다. 그 동료는 과연 후회하는지, 반성하는지도 모르면서 자신은 후회한다. 후회하는 직장인보다 반성하는 직장인이 더 슬기롭다. 반성(反省, Self-Reflection)은 자신의 언행에 대해 잘못이나, 부족함이 없는지 돌이켜 봄을 의미한다. 반성을 통해 자신의 행동을 돌아보고, 부족함을 인식하며, 이를 개선하는 과정이 필요하다. 이는 개인의 성장을 위한 도전이며, 더 나은 미래를 만들어 가는 데 중요한 역할을 한다.

지금에 집중하는 것은 현재의 순간을 최대한 활용하고, 과거나 미래에 휘둘리지 않는 삶의 태도다. 이는 지금, 이 순간이 가장 중요하다는 것을 깨닫고, 현재에 충실할 때 비로소 행복과 성공을 얻을 수 있음을 의미한다. 지금에 집중하여 후회 없는 삶을 살아가길 소망한다.

09 나를 증명하기

나를 증명하는 방법에는 여러 가지가 있다. 그중 직업과 직장으로 증명하기도 한다. 재직증명서, 경력증명서, 명함 등이 있다. 상대에게 이렇게 질문하곤 한다. "어디 다니세요?", "무슨 일을 하세요?" 직장과 직업에 관해 물어보아도 대답은 보통 "▲▲ 다닙니다."이다. 이를 보면 통용되고 있는 것은 직장이다.

이런 대화는 존재론(원리)과 인식론(인식)의 미묘한 차이에서 발생하는 듯하다. 즉, 증명의 관심과 관점의 차이이다. 그렇다면 나는 어떤 방법으로 나를 증명했고, 증명하고 있는지를 알면 해야 하는 앞날을 그릴 수 있을 것이다.

* 지금부터는 나의 이야기이다.

과거에는 안정성을 위해 직장을 찾았다. 안정성에 대한 인식이 뿌리 깊게 자리 잡고 있었다. 아버지의 사업을 보면서 유년 시절을 보냈고, 그로 인해 불안감을 느꼈다. 이 불안감은 안정감이라는 욕구를 키웠다. 그래서 공무원을 준비했다. 준비는 행정직, 교육행정직, 운전직, 소방공무원 등 기회가 되는 모든 시험을 봤다. 다행히 합격한 소방서에서 12년 정도 근무했다. 나름 일은 재미있었다. 그러나 그 재미를 해치는 몇몇 리더는 나를 깊은 고민에 빠지게 했다. 돌이켜 보면, 그 리더는 자신의 업적을 위해 동료 간 유대감에 상처를 주었고, 동료 간 갈등을 유발하였다. 그리고 그 갈등을 해결하거나 그룹을 만들어 자신에게 유리하게 조정하였다. 이런 경험은 다음 직장인 연구소에서도 경험하였다. 현재 직장에서도 경험하고 있다.

과거 합기도 수련을 20여 년 했었다. 왜 했었는지 생각해 보면 대련할 때 피가 끓었다. 그러면 내가 살아 있다는 것을 느꼈던 것 같다. 그 느낌이 좋았다. 도전과 승부를 겨룰 때 느끼는 그 감정이 나의 존재를 증명하였다. 인식하였다.

나를 증명하는 것은 단지 직업과 직장만으로는 충분하지 않다. 과거에는 안정성을 추구했지만, 이제는 나의 열정과 도전 정신을 다시 찾고 싶다. 직장이라는 틀 안에서 나를 증명하기보다, 나 자신의 열정과 성취를 통해 나를 증명하고자 한다. 이를 위해 이제는 내가 진정으로 원하는 것을 찾아야 할 때라고 생각한다. 다시 피가 끓는 느낌을 느끼고 싶다. 과거에 합기도를 수련하며 느꼈던 그 열정과 생동감을 다시 찾고 싶다. 그때 나는 도전과 승부를 통해 나의 존재를 증명할 수 있었다.

직장에서의 내 경험은 마치 끊임없이 폭풍우 속에서 방향을 잡으려 애쓰는 선장의 모습과 비슷했다. 파도가 몰아치고, 바람이 거세게 불어도 나는 나침반을 믿고 나아가야 했다. 때로는 방향을 잃기도 하고, 배가 흔들리기도 했지만, 결국 목표 지점을 향해 나아가는 것이다. 직장 내의 갈등과 불안감은 사막 한가운데서 물을 찾아 헤매는 것과 같다. 목이 마르고 지치지만, 끝까지 포기하지 않고 물을 찾으려는 의지. 이 의지가 나를 살아 있게 하고, 나의 존재를 증명했다. 합기도 수련을 하며 느꼈던 피가 끓는 감정은 마치 전장에서의 전사 심장과 같다. 전투 중에 느끼는 아드레날린과 생동감은 나에게 내가 살아 있다는 것을 강하게 인식시켜 줬다. 그 감정이 바로 나의 존재를 증명하는 것이다.

나를 증명하는 것은 단순히 직업이나 직장에 국한되지 않는다. 나의 열정과 도전을 통해 나 자신을 증명하고, 진정한 나의 가치를 찾아야 한다. 직장에서의 경험은 나에게 큰 교훈을 주었고, 이제는 그 교훈을 바탕으로 새로운 도전에 나서야 할 때이다. 나의 존재는 나의 선택과 행동에 의해 증명될 것이다.

10 회사가 원하는 인재의 두 얼굴: 성과 VS 인성

회사는 지원자 중 가장 우수한 인재를 선발한다고 생각하지만, 항상 그렇지도 않다. 능력보다 인성이 상대적으로 더 요구되는 분야도 있기 때문이다. 물론, 능력이 떨어지지 않는 선에서 채용이 이루어진다. 우선순위와 비율의 차이가 있을 뿐이다.

그러나 인성을 높게 평가하여 채용한 후 회사는 우수한 성과를 요구하며, 개인과 회사의 성장을 기대한다. 이런 기대를 무색하게 성과를 인성으로 누르려는 사태가 발생하면 직장인은 성과보다는 인성이 중요하다는 결론을 내린다. 가령, 프로젝트에 참여하여 성공적으로 마쳤지만, 업무 진행 과정에서 업무에 대한 의견 차이로 동료와의 마찰이 발생하였다. 상사는 이를 낮은 협업 능력으로 평가하여 팀에서 제일 적게 보상해 주었다. 결국 그는 다음 프로젝트에서 동료의 업무에 대한 의사 표현, 조언 등을 하지 않고 칭찬으로 좋은 인상을 주리라 다짐했다.

따라서 직장인은 다니는 회사가 성과를 중시하는지 아니면 인성을 중시하는지 그리고 둘 다 중시하는지 분석해야 한다. 만약에 인성을 중시하면 약간의 시간을 활용하여 약간의 성과를 내고 많은 시간을 할애하여 동료와의 친목에 집중해야 한다. 그래야 좋은 인성의 소유자라는 평판을 만들 수 있다. 그래야 급여소득자의 길을 지속할 수 있다.

11 직장은 있어야 하지만 있고 싶지 않은 곳

직장은 많은 사람에게 안정감을 주지만, 동시에 불안감을 주는 곳이기도 하다. 60세 전에 나가라고 하면 불안하고, 60세 이후까지 있으라고 해도 불안하다. 직장은 그런 곳이다.

언제까지 있어야 한다거나, 있고 싶다거나 하는 것이 아니라, '있어야 하는' 곳이다. 흔히들 "아들 대학 졸업까지만 버티면 된다.", "딸아이 결혼까지 다녀야 한다."라고 말한다. 이는 최소한 그때까지 직장에 다녀야 한다는 뜻이지 퇴사 기일을 명확히 설정하는 것은 아니다. 정말 그럴까?

직장인에게 직장은 그만두고 싶은 곳이지만, 막상 떠나야 하는 시점이 오면 그토록 떠나고 싶던 마음이 사라지고, 머물고 싶은 마음이 생기는 것이 우리들의 마음이다. 이 또한 직장의 모습이다. 이러한 직장에 대한 양가감정을 다음과 같이 설명할 수 있다.

에리히 프롬(Erich Fromm)은 그의 저서 《자유로부터의 도피》에서 자유와 불안의 관계를 탐구했다. 그는 인간이 자유를 갈망하면서도 동시에 불안을 느끼기 때문에 안정과 보장을 찾으려는 경향이 있다고 주장했다. 직장은 이러한 맥락에서 안정과 보장을 제공하는 동시에, 자유를 제한하는 장소이다.

직장은 경제적 안정과 사회적 지위를 제공하지만, 동시에 개인의 자유와 자율성을 제한한다. 따라서 사람들은 직장에 대한 양가감정을 느끼게 된다. 직장은 떠나고 싶지만, 떠나면 불안해지고, 남아 있으면 또 다른 형태의 불안을 경험하게 되는 곳이다.

마르틴 하이데거(Martin Heidegger)의 실존주의 관점에서도 이를 설명할 수 있다. 하이데거는 인간이 '현존재(Dasein)'로서 자신의 존재를 자각하고, 진정성 있게 살아갈 때 진정한 의미를 찾을 수 있다고 주장했다. 직장은 우리의 존재를 규정짓는 중요한 요소 중 하나이지만, 그것이 우리의 본질을 결정짓지는 않는다. 우리는 직장에서의 역할을 통해 자신을 표현하고, 사회적 존재로서의 의미를 찾지만, 동시에 직장을 넘어선 자신의 본질을 탐구해야 한다.

많은 직장인이 직장에 대한 양가감정을 느끼는 구체적인 사례는 다양하다. 예를 들어, 한 직장인이 50대 중반에 회사로부터 조기퇴직을 권유받았다고 가정해 보자. 그는 처음에는 불안과 두려움을 느끼지만, 점차 새로운 기회를 모색하게 된다. 반면에, 60세가 넘도록 회사에 남아 있기를 바라는 상황에서도 그는 미래에 대한 불안을 느낀다. 이 두 가지 사례 모두 직장인들이 직장에 대해 느끼는 복잡한 감정을 잘 보여 준다.

직장은 직장인들에게 있어서, 있어야 하는 곳이며 동시에 떠나고 싶은 곳이다. 직장에 대한 이러한 양가감정은 프롬의 자유와 불안, 하이데거의 현존재 개념을 통해 설명할 수 있다. 직장은 경제적 안정과 사회적 지위를 제공하는 동시에 개인의 자유를 제한한다. 따라서 직장을 떠나고 싶어 하면서도, 막상 떠나야 하는 시점이 오면 머물고 싶어 한다.

결국, 직장은 우리가 진정으로 원하는 것이 아닐 수도 있지만, 우리가 있어야 하는 곳임은 분명하다. 이 복잡한 감정과 현실을 인정하고, 직장 생활에서 의미를 찾으면서도, 직장을 넘어선 자신의 본질을 탐구하는 것이 중요하다.

6장
직장인에게 필요 없는 덕과 철학

6장 스토리텔링

화려한 성공 뒤에는 전혀 화려하지 않은 과정이 있다. 성공했다면 과정보다는 결과를 기억하고 싶어 한다. 그러나 실패했다면 그 과정이 머릿속에서 계속 맴돌게 되어 다시 도전하거나 도망치게 된다. 그리고 망각하기 위해 노력한다.

그래도 어려움을 경험하는 이들 중 쉽지 않은 재도전을 하는 이들이 있다. 다시 돌아와 업무에 집중하며 최선을 다하고자 하는 이다. 이들은 마음 근육이 커져 다음을 기약할 수 있다.

과제 수행 중 도망치는 이유는 실패에 대한 두려움이 있기 때문이다. 왜일까? 실패해도 괜찮다고 하지만 실상은 그렇지 않기 때문이다. 실패 뒤 부쩍 줄어든 기회를 경험했거나 보았기 때문이다.

그 실패는 업무의 난이도에서 기인할 수도 있지만, 동료에게서 비롯된 경우도 있다. 그 동료는 도덕성으로 상대의 마음에 상처를 주고 때로는 죽이려 한다. 그러나 그가 말하는 도덕성은 실체가 없기에 더욱 힘들다. 그도 모르는 도덕성이 무엇인지를 고민하게 만든다.

이런 사색이 깊어지면서 존재론, 선(善), 아(我), 인식론을 알게 된다. 그리고 행복이 무엇인지 고민하고 찾아 떠난다.

01 과정의 망각

결정을 내렸던 순간을 떠올리면, 왜 그 선택을 했는지 기억나지 않을 때가 있다. 이는 힘들게 고민한 과정보다 결과만을 기억하기 때문이다. 이는 선택이라는 과정보다 결과에 더욱 많은 기억을 할애한다는 것을 의미한다. 또한, 그 결과가 내가 만든 건지, 다른 사람이 만들어 주었는지도 중요하지 않으며, 오직 결과만으로 그 사태를 인지하고 평가한다. 이는 사람들이 찰나의 결과에 집착하여 긴 과정을 망각하는 경향이 있기 때문이다. 다시 말해, 우리는 행복한 결과를 떠올리는 것이 더 큰 만족감을 주기 때문에 본능적으로 과정을 잊는다.

이러한 망각은 선택의 결과가 성공했을 때 주로 일어난다. 만약 성공하지 못했다면, 우리는 그 험난하고 치열했던 과정과 목적을 계속 생각하게 된다. 러시아의 심리학자 블루마 자이가르닉(Bluma Zeigarnik)이 처음으로 연구하고 정의한 자이가르닉 효과(Zeigarnik Effect)는 다음과 같이 인간의 심리를 설명한다. 자이가르닉은 사람들이 완료된 작업보다 미완성된 작업을 더 잘 기억하는 경향이 있음을 발견했다. 이는 미완성된 과업에 대한 긴장감과 불안 때문이며, 인간의 뇌는 불완전한 것을 완성하려는 본능을 가지고 있기 때문이다. 가령, 학생이 중요한 시험공부를 하던 중 잠시 멈추었을 때, 직장인이 진행하는 프로젝트가 마감 기한을 앞두고 있을 때, 대학원생이 학위논문을 마무리 짓지 못했을 때, 머릿속에서 계속 그 과업이 떠오르는 경험이 자이가르닉 효과이다.

그래서인지 프로젝트를 끝마치기 위해 계속 구상하고 실행한다. 그러나 어떤 이는 끝마치기 전에 도망치거나 회피하려 한다. 그 프로젝트가 버겁거나 마음이 지쳤기 때문이다. 시작 당시에는 구체적인 플랜이 있었지만, 진행하는 과정에서 점점 지쳐 가고 말라 가기에 살기 위해 도망을 친 것이다. 시간이 흐른 뒤 회복되어 다시 돌아오지만, 그 과정도 상당히 어렵다. 설사 프로젝트에 끝까지 참여하지 못해 그 업무를 실패했어도, 긴 인생의 여정에서는 그 과정을 이겨 내고 한 과제를 끝마친 것이다. 이 과정을 잊어서는 안 된다. 그러나 그 생각만으로 다시 힘들어질 수 있기에 망각하고자 노력한다. 그래도 마음에 근육이 생겨 과정을 망각해도 다음 프로젝트에 참여할 힘이 생긴다. 자이가르닉 효과는 아마도 삶에 집중하고 삶 속에 있는 직장과 업무에 집중하는 이에게서 나타나는 효과일 것이다.

02 실패한 업무에는 덕이 있는가?

업무는 성과 중심으로 평가된다. 현대의 많은 기업들은 실패를 용인하고 응원하며 그 자체에 가치를 두는 문화를 두고 있다. 예를 들어, 구글은 초기에 실패로 끝난 구글 글래스를 통해 AR(증강 현실) 기술을 발전시키고 다양한 산업에 적용했다. 애플은 초기 핸드폰 실패 후에도 아이폰 개발 과정에서의 학습한 혁신을 통해 새로운 시장을 개척했으며, 마이크로소프트는 윈도우 Vista의 실패 후에도 제품 개선을 통해 클라우드 서비스와 인공지능(AI) 기술 분야에서 리더의 위치를 차지했다. 그러나 개인의 경력에서 실패한 프로젝트를 긍정적으로 보는 동료나 상사가 있을까? 자신에게 질문하면 답은 당연히 '긍정적으로 보지 않는다'이다.

프로젝트가 실패한 경우, 그 과정에 집중하고 타산지석(他山之石)으로 삼을 만한 내용들을 추출하여 다음 프로젝트에 반영할 수 있다. 그러나 부서에서 실패한 실무자에게 자신의 실패를 참고하여 다음 프로젝트를 수행할 기회를 줄지, 그것이 실제로 이루어질지는 의문이다.

"실패해도 좋으니 도전 정신으로 추진하고 실행해 보라."라는 문구는 도전자를 안심시키고 동기를 부여할 수 있다. 그러나 이 표현의 이면에는 열정을 쏟아부었지만 성공시키지 못한 무능한 실무자라는 낙인을 찍겠다는 경고가 숨어 있다. 그에게는 다음 기회는 없다. 따라서 실패한 이에게 다음 기회가 없다면 실패한 업무에는 덕이 없다.

아리스토텔레스(Aristotle)는 '덕'을 인간의 본성과 관련지어 설명하며, 덕은 인간이 최선의 삶을 살기 위해 필요한 자질이라고 보았다. 그의 《니코마코스 윤리학》에서 덕은 실천을 통해 형성되는 습관으로 보았다. 여기서 중요한 점은 덕이 단순히 결과가 아니라 과정에 중점을 둔다는 것이다. 아리스토텔레스는 덕을 두 가지로 나누었다. '지성적 덕'과 '도덕적 덕'이다. 지성적 덕은 경험과 교육을 통해 얻어지는 것이며, 도덕적 덕은 습관을 통해 형성된다. 아리스토텔레스는 덕을 '중용'으로 정의했는데, 이는 과도함과 부족함의 중간에 위치한 최적의 상태를 의미한다. 예를 들어, 용기는 무모함과 비겁함의 중간에 위치한 덕이다. 업무에서 실패도 이러한 맥락에서 볼 수 있다. 실패를 통해 우리는 새로운 지식을 습득하고, 이러한 경험이 반복되면 지성적 덕과 도덕적 덕을 모두 함양할 수 있다. 이는 결국 우리가 더 나은 선택을 하고, 더 나은 결과를 도출할 수 있게 만든다.

실제 사례로, 미국의 중소기업 코드아카데미(Codeacademy)를 들 수 있다. 코드아카데미는 처음에 무료로 코딩 교육을 제공하면서 수익 모델을 찾지 못해 어려움을 겪었다. 그러나 이 실패를 통해 사용자 피드백을 적극적으로 반영하여, 유료 구독 모델을 도입하고 기업 교육 시장에 진출했다. 이 과정에서 그들은 고객의 요구를 정확히 파악하고, 비즈니스 모델을 성공적으로 전환하여 오늘날의 성공을 이루었다. 이 실패는 회사가 성장하고 발전하는 데 중요한 교훈을 제공했다.

칸트의 도덕철학에서도 업무의 실패에 대한 덕을 찾아볼 수 있다. 칸트는 도덕적 행위가 의무에서 비롯된다고 주장했다. 그의 의무론적 윤리는 결과보다 행위의 동기와 의도를 중시한다. 업무에서 실패하더라도, 그 과정에서 도덕적 의무를 다하고 진정한 노력을 기울였다면 이는 도덕적 덕에 해당한다고 볼 수 있다. 칸트의 관점에서 직장에서의 도덕적 의무는 공정성과 정직성으로 구체화될 수 있다. 예를 들어, 회사의 규정을 지키고, 정직하게 업무를 수행하며, 동료나

고객에게 거짓말을 하지 않는 것이다.

이는 단기적으로는 어려움을 초래할 수 있지만, 장기적으로는 자신과 동료들에게 진정한 만족과 존경을 가져올 수 있다. 예를 들어, 프로젝트가 실패할 위기에 처했을 때 문제를 숨기지 않고 솔직하게 보고하고, 함께 해결책을 찾는 과정에서 팀의 신뢰와 존경을 받을 수 있다. 이러한 도덕적 의무의 실천은 칸트가 말한 '선의지'를 바탕으로 하며, 이는 장기적으로 모두에게 긍정적인 결과를 가져온다.

실존주의 철학자 장 폴 사르트르(Jean Paul Sartre)는 인간이 자유롭고 자신의 선택에 따라 의미를 부여할 수 있다고 주장했다. 사르트르에 따르면, 인간은 본질보다 존재가 앞서며, 이는 곧 우리가 스스로의 본질을 선택하고 만들어 갈 수 있다는 의미이다. 업무에서 실패는 우리의 존재와 선택의 일부분이며, 이를 통해 우리는 더 나은 선택을 하고 의미를 찾아갈 수 있다. 사르트르는 실패를 통해 자아를 성찰하고 성장할 기회를 제공한다고 보았다. 예를 들어, 실패를 경험함으로써 자신의 한계를 인식하고, 이를 극복하기 위한 새로운 전략을 모색하는 과정에서 우리는 더 강하고 현명해진다. 사르트르는 이러한 과정을 통해 우리는 더 진정한 자아를 발견하고, 더 의미 있는 삶을 살아갈 수 있다고 주장했다.

따라서 업무의 실패에는 덕이 있을 수 있다. 실패는 단순히 부정적인 결과가 아니라, 개인의 성장과 학습을 위한 중요한 과정이다. 아리스토텔레스의 덕 윤리, 칸트의 의무론, 사르트르의 실존주의 모두 실패를 통해 덕을 발견하고 발전시킬 수 있는 가능성을 제시한다. 업무에서 실패를 경험한 실무자도 이러한 관점을 통해 자신의 실패를 재해석하고, 이를 통해 더욱 의미 있는 성장을 이룰 수 있을 것이다.

현실적으로 실패가 곧바로 기회로 이어지지 않지만, 덕을 함양하는 중요한 과정이다. 현재의 고난이 내일의 행복으로 이어질 수 있다는 믿음으로 우리가 직장 생활을 하면서 항상 마음속에 간직해야 할 중요한 진리다.

03 직장 관계 속에서의 도덕성

직장이라는 사회적 관계 속에서 도덕성은 주로 인품, 성품, 긍정적인 태도 등으로 말할 수 있다. 로런스 콜버그(Lawrence Kohlberg)는 도덕성이론(Moral Development Theory)에서 도덕적 발달 단계를 제시하면서 개인의 도덕성이 시간이 지남에 따라 어떻게 발전하는지를 설명했다. 그리고 콜버그의 이론은 도덕적 판단이 단순히 개인의 규범에 따르는 것이 아니라, 복잡한 윤리적 추론과 사회적 규범을 포함한다고 주장했다. 앨버트 반두라(Albert Bandura)는 사회학습이론(Social Learning Theory)에서 도덕성은 관찰과 모방을 통해 학습된다고 주장했으며 직장 내에서 상사와 동료의 행동이 도덕성에 큰 영향을 미치며, 긍정적인 도덕적 행동이 강화되는 환경이 중요하다고 하였다.

이런 도덕성은 여러 연구에서 직무 만족도, 몰입도, 이직 의도 감소에 영향을 미치는 것으로 나타났다. 즉, 도덕성은 직장 내에서 중요한 역할을 한다. 그 역할은 다음과 같다. 도덕적인 행동은 신뢰를 형성하고, 이를 바탕으로 협업과 팀워크를 강화한다. 도덕적 환경에서는 직원들이 더 자유롭게 의견을 공유하고, 문제를 해결하기 위해 협력한다. 그리고 윤리적인 직장 문화는 직원들의 직무 만족도와 조직 몰입도를 높인다. 이는 생산성과 창의성의 증가로 이어진다. 더불어 법적 문제와 평판 리스크를 줄이는 데 도움이 된다. 윤리적 경영을 실천하는 기업은 외부 이해관계자와의 신뢰를 구축하고 유지할 수 있다.

　그러나 도덕성은 때때로 중도 포기자나 회피형 직장인들에게는 변명의 재료로 활용된다. 예를 들어, 회의 중 자신의 의견을 제시할 때 팀원 중 일부가 자신의 의견이 무시되었다고 느껴 마음에 상처를 입었다고 말한다. 그러면서, 의견의 내용보다 의견을 낸 이의 도덕성 문제를 더 부각시킨다. 그럼, 회의의 내용은 사라지고 도덕성이 무엇인지가 회의의 주제가 된다. 또한, 업무적인 목표를 달성하지 못했을 때 그 이유를 구성원의 도덕성 문제로 전가하는 경우가 있다. 이는 회피형 직장인이 사용하는 방법이다.

　도덕성은 양날의 칼과 같다. 사용하는 이의 도덕성에 따라 그 효과가 다르게 나타나기 때문이다. 그만큼 도덕성을 논할 때는 말하는 이의 도덕성이 전제되어야 한다. 대부분 직장인은, 자신은 도덕성이 높다고 자평한다. 그러나 그 도덕성은 정량적으로 평가하기 어렵다.

그래서인지 주장하는 이의 언변과 눈물로 도덕성을 평가하기도 한다. 즉, 부정적인 표현과 감정으로 상대를 부도덕한 사람으로 만들고, 긍정적 표현과 감정은 상대를 도덕적인 사람으로 만든다. 다시 말하면 도덕성을 평가한다기보다는 자신의 이익과 감정으로 상대의 도덕성을 평가한다.

이렇게 애매한 도덕성 평가를 이용하여 자신의 이익을 도모하려는 직장인을 동료로 만난다면, 더욱 엄격하게 본인의 도덕성을 유지해야 한다. 그래야 업무의 성과를 인정받을 수 있다.

04 존재론적 관점에서 본 직장 내 약속의 도덕성

약속의 도덕성은 존재론적 관점에서 매우 중요한 주제이다. 약속은 단순한 사회적 계약이 아니라 인간 존재의 본질과 깊이 연관되어 있기 때문이다.

존재론적 관점에서 약속은 인간이 타인과 맺는 관계의 기초를 이루며, 신뢰와 책임의 근간이 된다. 따라서 약속을 지키는 것은 단순히 규칙을 따르는 것이 아니라, 자신의 존재와 타인과의 관계를 성찰하는 행위이다.

선험적 약속은 이러한 존재론적 관점을 잘 보여 준다. 예를 들어, 회의 중 잡담하지 않기, 사무실에서 큰 소리로 말하지 않기 등의 규칙은 타인에 대한 배려와 존중에서 비롯된다. 이러한 행위는 인간이 타인과 공존하며 서로의 존재를 인정하고 존중하는 과정에서 자연스럽게 형성된다.

반면, 규칙적 약속은 조직 내에서 명확한 규정을 따르는 것이다. 예를 들어, 모든 구성원이 월례 회의에 참석하기, 문제가 발생했을 때 공개적으로 해결하기 같은 규칙은 조직의 목표 달성과 문제해결에 필수적이다. 이러한 약속은 구성원들이 공동의 목표를 향해 협력하는 과정에서 각자의 역할과 책임을 자각하고, 이를 통해 자신의 존재를 확인하는 행위이다.

그러나 직장 내에서 약속을 어기는 사례도 존재한다. "언제 그렇게 약속했나요?" 또는 "그 말씀이 그런 뜻인지 몰랐습니다."라는 변명은 자신의 존재와 타인과의 관계를 부정하는 행위이다. 이는 나태하거나 성장하지 않으려는 이들에게 유리한 상황을 만들어 조직의 도덕적 기반을 약화시킨다. 따라서 약속의 도덕성을 유지하기 위해서는 모든 구성원이 약속의 존재론적 의미를 깊이 인식하고, 이를 지키려는 노력을 기울여야 한다.

결론적으로, 존재론적 관점에서 약속의 도덕성은 직장 내에서 개인과 조직의 신뢰성과 책임감을 높이는 데 중요한 역할을 한다. 약속을 지키는 것은 단순한 규칙 준수가 아니라, 자신의 존재와 타인과의 관계를 성찰하는 행위이다. 모든 구성원이 약속의 존재론적 의미를 인식하고, 이를 실천할 때 조직은 더욱 건강하고 도덕적인 환경을 조성할 수 있을 것이다.

05 진정한 행복의 비밀

행복한 삶은 쾌(快, Pleasure)를 느끼며 살아가는 것을 의미한다. 이러한 행복은 각자의 기준에 의해 형성된 여러 요인으로 구성된다. 행복의 기준은 보편적인 기준과 개인적인 기준으로 나뉘며, 그 비중은 사람마다 다르다. 이를 경제력, 가족관계, 사회적 지위와 같은 보편적인 기준과, 개인의 열망, 사회적 인정, 안락한 삶과 같은 개인적인 기준을 살펴보고, 이들이 행복에 어떻게 영향을 미치는지 살펴보겠다.

행복의 보편적인 기준에는 경제력, 가족 간의 관계, 사회적 지위 등이 있다. 경제력은 행복을 이루는 중요한 요소 중 하나이다. 경제적 안정은 기본적인 생활을 가능하게 하고, 미래에 대한 불안을 줄여 준다. 예를 들어, 안정된 수입이 있는 사람은 주거비, 교육비, 의료비 등 기본적인 생활환경을 충족할 수 있어 삶의 질이 향상된다. 경제적 안정이 없으면 생계유지에 대한 걱정이 끊이지 않아 스트레스가 증가하고, 이는 행복을 저해한다.

그렇다면 경제적 안정성이 커질수록 행복도 커질까? 그 행복도 시대에 따라 다른 것으로 나타났다. 2010년 프린스턴대학교(Princeton University)의 대니얼 카너먼(Daniel Kahneman)과 앵거스 디턴(Angus Deaton)의 연구에서는 연간 소득이 증가함에 따라 일상적 행복이 증가했지만 $75,000(약 1억 원)이 넘어가면 행복은 더 이상 증가하지 않았다. 이와 반대로 2021년 펜실베니아대학교(University of Pennsylvania)의 매튜 킬링스워스(Matthew Killingsworth)의 연구에서는 소득이 $75,000가 넘어가더라도 행복은 소득에 따라 계속해서 증가하였다. 즉, 경제력은 행복에 영향을 미치고 그 행복은 시대에 따라 변한다는 것을 보여 준다.

현재는 돈을 곧 행복으로 보는 사람이 많다. 그리고 가족은 정서적 지지와 안정을 제공한다고 본다. 사랑과 이해를 바탕으로 한 가족관계는 어려운 시기에 큰 힘이 된다. 예를 들어, 가족과 따뜻한 저녁 식사나 주말 나들이는 일상의 스트레스를 풀어 주고 정서적 안정감을 준다. 반면, 가족 간의 갈등이 심하면 정서적 불안이 증가하고, 이는 행복을 감소시킨다.

사회적 지위는 자신에 대한 존중과 자부심을 높인다. 사회에서 인정받는 지위를 얻으면 자신감이 증가하고, 이는 전반적인 삶의 만족도로 이어진다. 예를 들어, 직장에서 승진하거나 사회적으로 인정받는 위치에 오르면 자존감이 높아지고, 이는 행복감을 증대시킨다.

행복의 개인적인 기준에는 하고 싶은 일, 사회적 인정, 안락한 삶 등이 있다. 누구나 자신이 하고 싶은 일을 할 때 만족감을 느낀다. 이는 직업적인 성취뿐만 아니라 취미 활동에서도 나타난다. 예를 들어, 음악을 좋아하는 사람이 뮤지션으로서 성공하거나, 여행을 좋아하는 사람이 세계 곳곳을 여행하며 블로그를 운영하는 경우 큰 행복을 느낄 수 있다. 그리고 사회적 인정은 개인의 성취감을 높여 준다. 다른 사람들로부터 인정받을 때 우리는 자신의 가치를 재확인하게 된다. 예를 들어, 봉사활동을 통해 지역 사회에서 인정받거나, 예술

가로서 작품을 통해 많은 사람에게 감동을 줄 때 큰 보람과 행복을 느낀다. 끝으로 안락한 삶은 스트레스 없는 환경을 제공하여 행복을 증진시킨다. 편안하고 안전한 주거 환경, 건강한 생활 습관, 좋은 인간관계는 안락한 삶의 필수 요소이다. 예를 들어, 깨끗하고 조용한 집에서 편안하게 휴식을 취할 수 있는 환경은 행복을 가져다준다.

하지만 기준에 대한 깊은 고민 없이 행복을 추구하는 경우도 있다. 외부의 인정에만 의존하는 행복은 진정한 만족감을 주지 못한다. 예를 들어, 타인의 칭찬이나 인정을 받기 위해 무리하게 일을 하거나, 사회적 지위를 얻기 위해 자신의 가치를 희생하는 경우, 일시적인 만족감은 있을지 몰라도 진정한 행복으로 느끼기 어렵다. 이러한 방식은 자신의 내면에서 우러나오는 행복이 아닌, 타인의 반응에 따라 결정되는 행복이다.

결론적으로, 행복을 이루는 요인은 보편적인 기준과 개인적인 기준으로 구분된다. 경제력, 가족관계, 사회적 지위와 같은 보편적인 기준은 많은 사람이 공통적으로 중요하게 여기는 요소이다. 반면, 하고 싶은 일, 사회적 인정, 안락한 삶과 같은 개인적인 기준은 각자의 삶의 방식에 따라 다르게 적용된다. 중요한 것은 자신의 기준을 명확히 하고 이를 바탕으로 행복을 추구하는 것이다. 진정한 행복은 외부의 인정이 아닌, 자신의 내면에서 우러나오는 만족감에서 비롯되기 때문이다. 따라서 행복을 추구할 때는 자신의 가치와 기준을 깊이 고민하고, 이를 통해 자신만의 진정한 행복을 정의 내린다면 행복을 찾을 수 있을 것이다.

06 직장인 관점의 행복

 직장 생활을 하며 언제 행복하다고 느끼는지 생각해 보면, 현재의 순간보다는 과거의 어느 시점에서 행복했는지를 떠올린다. 그 당시의 힘든 순간들을 시간이 흐른 뒤에 돌이켜 보면 행복한 기억으로 변했다는 역설을 경험하게 된다.

 아리스토텔레스는 행복을 '에우다이모니아'라고 표현했다. 이는 단순한 감정의 행복이 아니라, 인간의 삶을 본래 목표로 삼아야 하는 충만한 상태를 의미한다. 에우다이모니아는 덕을 실천하고, 인간의 잠재력을 최대한 발휘하는 삶을 통해 달성된다. 직장에서의 행복도 마찬가지로, 순간적인 즐거움이 아니라 의미 있는 목표를 추구하고 성취하는 과정에서 비롯된 충만한 상태를 의미한다.

 예를 들어, 한 프로젝트에서 중요한 마감일을 앞두고 예기치 못한 문제가 발생했을 때, 팀원들과 밤낮을 가리지 않고 협력하며 문제를 해결했던 경험이 있을 것이다. 그 과정은 매우 힘들고 스트레스가 많았지만, 결과적으로 프로젝트가 성공적으로 마무리되었을 때 느꼈던 성취감은 말로 다 할 수 없을 정도로 크다. 이 순간은 시간이 지나도 행복한 기억으로 남아 있으며, 이는 아리스토텔레스의 에우다이모니아 개념과 일치한다.

 이와 더불어, 철학자 마르틴 부버(Martin Buber)는 인간의 관계를 '나-그것'과 '나-너'로 구분했다. '나-그것' 관계는 도구적이고 목적 지향적인 관계를 의미하며, 상대방을 하나의 수단으로 보는 것이다. 반면 '나-너' 관계는 상호주관적인 만남과 진정한 대화를 통해 이루어진다. 이는 서로를 온전한 인격체로 존중하며, 깊은 유대와 이해를 바탕으로 한 관계이다.

직장에서의 행복도 이러한 '나-너' 관계에서 비롯된다. 예를 들어, 회의 중에 팀원이 제안한 아이디어에 대해 진지하게 경청하고, 그 아이디어를 발전시키기 위해 함께 논의하며 협력하는 과정에서 우리는 깊은 유대감을 느낄 수 있다. 이러한 경험은 단순한 업무 처리를 넘어, 진정한 인간관계를 형성하는 데 기여한다.

하이데거는 존재론적 관점에서 인간의 존재와 진정한 삶을 탐구했다. 그는 인간이 '현존재(Dasein)'로서 자신의 존재를 자각하고, 진정성 있게 살아갈 때 진정한 의미와 행복을 찾을 수 있다고 주장했다. 직장에서 자신의 역할과 의미를 깊이 인식하고, 진정성 있게 업무를 수행하는 것이 중요한 이유도 여기에 있다. 예를 들어, 자신의 직무가 단순한 일이 아니라, 조직과 사회에 어떤 영향을 미치는지 깊이 인식하고 이를 통해 자아실현을 이루는 것이 하이데거의 관점과 일치한다.

그렇다면 현재의 나는 행복하지 않다고 느낄지라도, 미래의 나는 지금의 순간을 행복하게 기억할 수 있을까? 이는 미래를 준비하라는 의미보다 오히려 현재의 어려움 속에서도 동료들과 함께 난관을 극복해 나가는 과정이 미래의 행복으로 이어질 수 있다는 의미를 담고 있다. 이는 실존주의 철학자들이 강조한 '현재의 중요성'을 상기시킨다. 실존주의는 현재의 고난과 고통이 나중에 더 큰 행복으로 돌아올 수 있다는 신념을 강조한다.

　현재의 동료들과 함께 업무를 수행하고 다양한 문제를 해결해 나가는 경험이 나중에 돌이켜 보면 소중한 기억으로 남을 것이다. 지금 힘들고 지치더라도, 이러한 경험들이 미래의 행복한 기억으로 자리 잡을 수 있다는 희망을 품어 보자. 현재의 고난이 미래의 행복으로 이어질 수 있다는 믿음은 우리에게 큰 위안을 줄 것이다.

　결국, 직장인의 행복은 문제를 해결하는 과정에서 느끼는 성취감과 동료들과의 유대감에서 나온다. 지금의 어려움을 극복해 나가는 과정이 바로 미래의 행복을 만들어 가는 중요한 순간임을 기억하며, 동료들과 함께하는 매 순간을 소중히 여겨야 한다.

07 논리보다 선함을 믿는 직장인

　자신이 착하거나 정의롭다고 생각하는 사람 중 자신의 주장이 옳다고 믿는 논리는 종종 타당성보다 자신의 선함과 모두가 행복해지길 바란다는 마음의 진실성에 기반한다. 이는 자신이 선하기에 결과와 과정이 옳다는 생각이다. 이러한 사람들은 개인적인 삶에서는 문제가 없을지 몰라도, 조직에서는 혼란을 일으키는 원인이 된다. '저 사람은 왜 그런지 모르겠다.', '내 마음은 그렇지 않은데 왜 나를 힘들게 하는지 모르겠다.', '모두가 행복했으면 좋겠다.' 등의 생각으로 타인의 논리를 이해하려 하지 않는다.

예를 들어, 박 대리는 항상 모든 결정에서 모든 사람이 행복해지길 바라는 마음으로 결정한다. 그리고 그것이 옳다고 생각한다. 그는 팀 회의에서 자신의 의견이 옳고, 모든 사람에게 최선이라고 주장한다. 그러나 그의 의견은 실제로는 팀의 목표와 맞지 않으며, 다른 팀원들의 의견을 무시하며 진행된다. 결국, 팀의 프로젝트는 실패로 끝나고, 팀원들 간의 갈등이 증가한다. 이들은 '그 사람은 좋은 의도가 없어 보인다.', '착한 내가 말하는 것을 무시한다.'라고 생각하며, 사슴 같은 눈에서 눈물을 보이며 '나 같은 사람의 눈에서 눈물 나게 하는 당신은 몹쓸 사람'이라는 눈빛을 보낸다. 예를 들어, 박 부장은 모든 사람의 의견을 받아들이는 것이 정의롭다고 생각한다. 그는 회의에서 모든 의견을 수용하려고 하지만, 이는 결정을 내리는 과정에서 혼란을 초래한다. 최종적으로는 아무 결정도 내리지 못하고, 프로젝트는 지연되며 팀의 효율성은 크게 떨어진다.

이러한 직원들은 논리와 의도를 주객전도시키고, 심지어는 의도까지 의심하며 자신의 주장을 관철하려 한다. 이런 진실한 직원은 조직에 있어 부정적인 요소이다. 임마누엘 칸트(Immanuel Kant)는 그의 윤리학에서 도덕적 행위의 근거를 '선의지(Good Will)'에 두었다. 그러나 칸트는 선의지가 아무리 중요하다고 해도 그것이 논리적 일관성과 객관성을 무시한 채로 사용되어서는 안 된다고 강조했다. 그리고 정당한 의도를 가지고 있어야 하며, 동시에 보편적으로 적용 가능한 도덕법칙과 부합해야 한다고 했다. 즉, 개인의 선함이 논리적 타당성과 결합되지 않는다면 그것은 도덕적이지 않다.

또한, 철학자이자 경제학자인 존 스튜어트 밀(John Stuart Mill)의 공리주의는 최대 다수의 최대 행복을 목표로 한다. 밀은 모든 사람의 행복을 고려하는 것이 중요하다고 주장했지만, 그것이 실제로 어떻게 이루어질 수 있는지를 논리적으로 분석하고 계획해야 한다고 보았다. 단순히 선한 마음만으로는 복잡한 문제를 해결할 수 없기에 논리적이고 체계적인 접근이 필요하다. 아리스토텔레스는 명확한 논리적 구조가 없으면 어떤 주장도 타당성을 가질 수 없다고 보았다. 따라서 조직 내에서 논리적 일관성과 객관성을 무시한 채 개인의 선함에만 의존하는 것은 비효율적이고 비합리적이다.

결론적으로, 조직 내에서 개인의 선함과 도덕적 의도는 중요하지만, 그것이 논리적 타당성과 객관성을 배제해서는 안 된다. 그리고 논리와 도덕적 의도는 상호 보완적이어야 한다. 즉, 조직에서는 논리적 타당성과 객관성을 중시하면서도, 도덕적 의도를 결합한 의사결정을 내려야 한다.

08 선함의 딜레마

선하다는 것은 인간이라면 본성으로 알 수 있는 개념이다. 그렇다면 직장에서의 선함은 직장인이라면 알 수 있는 개념인지 생각해 볼 필요가 있다. 그 생각을, 질문을 통해 정리하고자 한다. 그 질문은 다음과 같다. 급여소득자가 행하는 선함은 모두에게 선한 영향을 미치지 않는가?

  그렇지 않다. 예를 들어, 부서별 경쟁에서 선한 마음을 가지면, 즉 상대를 이기려는 본질적인 마음이 없으면 상대를 이길 수 없을 것이다. 이는 부서원들에게 있어서는 선하지 않은 생각이다. 즉, 경쟁의 구도 속에서는 모두에게 선한 행동이 있을 수 없다. 이는 양가감정과 비슷한 양상을 띤다. 또한, 집단을 위한 선함도 직장에서 존재할 수 없다. 따라서 이러한 고민 자체는 오류이다. 즉, 직장 내에서 선함이라는 개념을 생각하고, 언급하는 것 자체가 모순이다.

  예를 들어, 마케팅 부서의 김 대리는 항상 동료들에게 친절하고, 자신의 업무를 도와달라는 요청에도 기꺼이 시간을 할애한다. 김 대리의 선함은 동료들 사이에서 높은 평가를 받지만, 정작 본인의 주요 프로젝트에 집중할 시간이 줄어들어 성과가 저하된다. 이는 팀 전체 성과에 부정적인 영향을 미친다. 칸트의 윤리학에서는 도덕적 행위는 그 자체로 옳아야 하며, 결과와 상관없이 의무를 다해야 한다고 주장한다. 그러나 김 대리의 경우, 그의 선함이 직장의 목표와 상충하면서 도덕적 의도와 결과의 간극(間隙)을 보여 준다. 칸트의 관점에서 김 대리의 행동은 도덕적일 수 있지만, 실질적인 성과에서는 부정적 영향을 미친다.

  또 다른 예로, 인사 부서의 박 과장은 모든 직원이 평등하게 대우받아야 한다는 신념을 가지고 있다. 그래서 박 과장은 성과 평가에서 모든 직원에게 거의 동일한 평가를 주려고 한다. 하지만 이는 실제로 열심히 일한 직원들의 사기를 떨어뜨리고, 업무에 대한 동기 부여를 약화시킨다. 결국 부서 전체의 성과가 떨어지게 된다. 이는 아리스토텔레스의 덕 윤리에서 중용을 지키지 못한 예이다. 아리스토텔레스는 덕이란 과도함과 부족함을 피하고 중용을 유지하는 것이라고 하였다. 박 과장의 평등에 대한 집착은 중용을 벗어난 과도한 선함으로, 오히려 조직의 성과를 저해하는 결과를 낳았다.

 결론적으로, 직장에서의 선함은 본질적으로 모순적이다. 직장에서의 업무 성과에 따른 경쟁 구도를 고려할 때, 선함은 항상 긍정적인 영향을 미치지 않는다. 이는 직장 내에서 논리와 도덕적 의도가 상호 보완되어야 함을 의미한다. 선함은 중요하지만, 그것이 논리적 타당성과 결합되지 않으면 조직의 성과에 부정적인 영향을 미칠 수 있다. 따라서 조직에서는 논리적 타당성과 객관성을 중시하면서도, 도덕적 의도를 결합한 의사결정을 내려야 한다.

09 존재론적 성찰

 '我란 무엇인가'라는 질문은 존재론적 관점에서 끊임없는 대답과 질문을 하는 과정에서, 어제보다 정교화되고, 어제보다 공고해진다. 그렇지만 확신을 갖지 못한다. 존재론(存在論)은 존재 자체에 관한 연구로, '我'란 무엇인가라는 질문은 존재론의 핵심 질문 중 하나다. '我'는 '나' 또는 '자아'를 의미하며, 이 질문은 우리 존재의 본실과 그 의미를 탐구하는 데 있어 중요한 역할을 한다. 그러나 이 질문에 대한 답은 항상 정교해지고 발전할 수 있지만, 궁극적인 확신을 얻기는 어렵다.

존재론적 탐구를 통해 자아의 본질을 이해하고 자신과 세상의 관계를 명확히 하고자 노력해 왔다. 이는 내가 누구인지, 무엇을 추구하는지 그리고 나의 존재가 어떤 의미를 가지는지에 대한 깊은 성찰을 유도했다. 데카르트(Descartes)의 "나는 생각한다, 고로 존재한다(Cogito, ergo sum)."라는 명제는 나의 존재에 대한 근본적인 질문을 던지게 했다. 매일 경험하고 배우며, 이러한 경험들은 나의 자아 인식에 영향을 미쳤다. 어제의 나는 오늘의 나와 다르고, 오늘의 나는 내일의 나와 다를 것이다. 이러한 변화는 나의 자아 인식을 더욱 정교하게 만들고, 나의 존재에 대한 이해를 깊게 한다.

그러나 이 과정에서 나는 완전한 확신을 얻기 어렵다는 것을 깨달았다. 우리의 존재와 자아는 본질적으로 불확실하고 유동적이다. 자아는 고정된 개념이 아니라, 끊임없이 변화하고 발전하는 존재다. 따라서 '我'란 무엇인가라는 질문에 대한 답은 언제나 부분적일 수밖에 없다.

존재론적 탐구를 통해 자아를 이해하고자 했던 노력은 단지 철학적 사유에 그치지 않는다. 나의 일상과 경험 그리고 그로부터 얻은 교훈은 나의 존재를 더욱 깊이 이해하게 했다. 예를 들어, 직장 내 갈등을 해결하며 느낀 불안과 갈등 속에서도 나는 나의 본질을 찾으려 했다. 이는 단순히 생존의 문제가 아니라, 나의 존재를 증명하고자 하는 깊은 내면의 여정이었다. 구체적으로, 팀 프로젝트에서 의견 충돌이 있을 때마다 나는 나의 가치관과 목표를 재평가하고, 갈등 속에서 나의 자아를 더 깊이 이해하게 되었다.

10 인식론적 관점에서 我

'我란 무엇인가'라는 질문을 인식론적 관점에서 접근할 때, 우리는 인지의 과정을 통해 방정식처럼 여러 변수를 대입해 보게 된다. 마치 x, y, z 값을 넣어 풀어내는 3차 방정식처럼, 여러 가지 답이 맞아떨어질 때 비로소 그 풀이가 이루어진다. 하지만 인생은 복잡한 변수들로 가득 차 있다. 이러한 변수들은 끊임없이 변하고, 그로 인해 방정식의 값은 인간이 인식할 수 없을 정도로 복잡해진다.

이 과정에서 우리는 어떤 명확한 답을 찾기 어려움을 깨닫게 된다. 인생의 변수가 방정식을 끝없이 변화시키는 것처럼, 우리의 자아 역시 고정된 것이 아니라 끊임없이 변화하고 있다. 이로 인해 우리는 인생에 대한 명확한 답을 찾기보다는, 그 불확실성 속에서 살아가고 있는 자신을 인식하게 된다.

인식론적 관점에서 '我'란 무엇인가에 대한 질문은 단순히 정적인 답을 찾는 것이 아니다. 이는 끊임없이 변화하는 변수들 속에서 자신을 이해하고, 그 불확실성을 받아들이는 과정이다. 우리는 인생이라는 복잡한 함수 속에서 다양한 경험과 지식을 통해 자신을 인식하게 된다. 마치 복잡한 방정식을 푸는 과정에서 다양한 변수와 상호작용하는 것처럼, 우리의 자아도 끊임없이 변화하는 환경과 상호작용하며 새로운 의미를 찾아간다.

내가 직장 내에서 겪었던 경험들도 이러한 인식론적 탐구의 일부였다. 직장에서의 갈등과 도전은 마치 풀기 어려운 방정식과 같았다. 예를 들어, 팀 프로젝트에서의 의견 충돌은 나에게 자아에 대한 깊은 성찰을 요구했다. 내가 누구인지, 어떤 가치를 추구하는지에 대한 질문을 끊임없이 던지게 되었다. 이러한 과정은 나를 더욱 정교하게 만들었지만, 동시에 나의 자아는 고정된 것이 아니라는 것을 깨닫게 했다.

맺음말

　교육과정은 무엇을 어떻게 가르칠 것인가의 질문에서 시작한다. 이 질문을 나에게 했었다. 답하기 어려웠다. What(무엇)이 무엇인지부터 알 수 없었다. 나의 무지를 알기까지 40년이라는 시간이 필요했다. 그나마 다행이었다. 그 무지를 알고 공부하면서 그 진리에 조금씩 다가가고 있음을 느끼며 쾌(快)를 만끽하고 있기 때문이다.
　이 책은 무지를 알기 전과 후에 경험했던 사례에서 본질을 추출하여 담고자 노력하였다. 그리고 신비하게 이 책을 구입한 독자에게 '나도 그랬는데.'라는 혼잣말이 자신도 모르게 나왔다면 저자는 큰 행복감을 느낄 것이다.
　나의 무지를 알기 전에는 무엇을 배우고자 고민한 적이 없었다. 그 고민은 나를 중심에 두고 내가 누구이며 무엇을 좋아하는지, 무엇을 바라는지, 무엇을 하고 싶은지 등등의 질문이었다. 나의 무지를 알게 된 후에는 사춘기도 아닌데 인생이 무엇인지, 내가 누구인지를 질문하고 답을 찾고자 하였다. 그때가 30대 중반이었다. 그 실마리를 찾고자 교육학을 선택하고 도전하였다. 그 도전 역시 좌절의 연속이었다. 찾은 해답보다 질문이 더욱 많아졌기 때문이다. 그 질문은 다음과 같다. '직장이라는 곳은 무엇인지?', '직장은 나에게는 무엇으로 다가오는지?', '어떤 가치가 있는지?', '동료는 무엇인지?',

'저 사람은 왜 그런지?', '이 일은 왜 하는지?', '상사는 왜 이런 일을 시키는 것인지?', '규정대로 과제를 완료했는데 왜 찜찜한 기분이 드는지?' 이런 질문 속에서 직장 생활을 했었고, 지금도 하고 있다. 다만 이 책을 집필하고 나서야 이 질문에 대한 나의 대답이 어떠한지 정리할 수 있었다.

혹여 이런 질문을 하고 있을 직장인에게 이 책이 작은 의미라도 있기를 소망한다. 그리고 같이 고민했던 소중한 동료들에게는 옅은 미소를 지을 수 있는 시간이 되었기를 바란다.

돌이켜 생각해 보면 이 질문들은 나에게는 다음과 같은 가치가 있었다. 나를 되돌아볼 수 있었고, 동료를 탐구할 수 있는 동기가 되었고, 현상을 관찰할 수 있는 여유와 시야를 주었고, 철학과 심리를 공부할 수 있는 에너지를 주었다. 더불어 이 모두를 담을 수 있는 교육학에 도전할 수 있는 용기를 주었다.

20대 후반에 직장 생활을 시작했고, 지금 40대 후반에도 직장 생활을 하고 있다. 그 세월이 어떻게 흘렀는지 느끼지도 못하고 있다. 단지 근무표에 따라 오늘 몇 시에 출근하는지 그것만이 궁금할 뿐이다. 그렇게 시간을 보내다 월급을 타면 이번 달도 다 지났다는 것을 알게 된다.

이런 나의 소중한 시간을 생각하지 못하고, 무의미하게 흘려보내는 것이 아닌가? 하는 생각 속에서 맺음말을 쓰기까지 또 소중한 시간을 흘려보내고 있다. 소중한 것은 잃어버린 뒤에야 알게 된다는 말처럼 나에게 소중한 시간을 잃어버리고 그 소중함을 절실히 느끼고 있다.

한때는 이를 느끼지도 인지하지도 못하고 있었다. 시간이 소모되고 있다는 것을. 한때는 나의 시간이 급여로 치환되어 나에게 돌아오는 것으로 생각했었다. 그래서 급여를 주는 그에게 충성을 다하였다. 그의 마음에 들고자 노력하였다. 그래서 업무에서 성과를 내고자 노력하였다. 업무의 성공을 위해 동료에게 상처를 주기도 했고, 한편으로는 동료들을 도와주기도 했다. 그래서인지 희로애락(喜怒哀樂)이 있었다.

그러면서 깊은 이야기까지 할 수 있었다. 그러면서 업무를 수행하는 동료를 보게 되었다. 결국 내가 생각했던 동료는 다 같은 마음이 아니란 걸 가슴으로 느끼게 되면서 혼란에 빠지기도 했다. 그곳에서 나를 구해 준 이도 동료였다.

급여를 주는 회사를 사랑했었다. 그 회사가 잘되기를 바랐다. 그래서 회사가 계속 존재하기 위해 과제의 한 부분을 담당하고 싶었다. 그러나 회사가 잘된다는 것이 무엇인지 생각을 하면서 그 회사는 그 회사를 운영하는 리더들의 회사임을 알게 되었다. 그래서 그 리더를 위해 일을 했었다. 그러나 그 리더의 생각, 실적이 나의 생각과 다를 때 나는 어려움에 빠지게 되었다. 그러면서 그 리더와 있는 시간에 대해 고민하고 이런 의미 없는 시간에서 탈출하고자 하였고 그렇게 했었다. 그러나 부질없는 탈출이었다. 탈출을 하면 앞선, 생각들은 어디에도 없고, 단지 생계를 위한 돈만이 필요하게 되었다. 다시 그 돈을 벌기 위해, 나를 팔고자 노력하였다. 그러면서 나를 경멸하고 이런 삶과 그 시간이 무엇인지 도돌이표로 다시 나에게 돌아왔다.

그러면서 이런 과정은 계속 나를 힘들게 하는 부질없는 철학임을 알게 되었다. 즉, 결과가 없는 과정임을 알게 되었고 내가 팔리지 않는 그 순간에서야 이런 과정이 잠시 멈춘다는 사실을 알게 되었다. 나의 시간은 아직도 소모되고 있는 듯하다.

나의 시간이 소모되면서 남는 거라곤 쌓여 가는 담배꽁초뿐이다. 그러나 뒤돌아보면 그 시간 안에는 수많은 인연이 있었다. 그 인연은 나에게 인사이트를 제공하기도 하였고, 심리적 안정감을 주기도 하였다. 때로는 내가 해결할 수 없었던 사회적 문제를 해결해 주기도 하였다.

왜 그런지는 모르겠지만, 그 인연 중에는 신입사원 초기 때 만났던 인연이 뇌리에 남아 있다. 나이를 떠나 초기에 만났던 인연들이 기억에 남는다. 때로는 내가 도와주기도 하였고, 그들이 나를 도와주기도 하였다. 동일한 시간과 공간을 공유하면서 느낄 수 있는 감정이 좋았다. 그 현상들이 나의 인생철학의 기초가 되었다.

솔직히 많이 읽어 보지는 않았지만 30여 권의 직장 관련 책을 읽어 보면, 학창 시절에 들었던 친하게 지내야 한다는 주제들이 많다. 이 주제는 적어도 나 같은 사람에게는 어려운 과제이다. 진실로 그렇게 하기 위해 부단히도 노력하기 때문이다. 지금 생각해 보면 그 시간이 아깝다. 왜 그렇게까지 했는지도 모르면서 맹목적인 그 말을 실천하기 위해 인간 같지도 않은 동료들까지 포용하기 위해 노력을 했다. 그냥 무시했으면 좋았을 것을. 그냥 기계적으로 반응만 해 줘도 좋았을 것을. 진심으로 친해지기 위해 왜 그들의 이야기를 듣고 그들의 어려운 일들을 도와주기 위해 그렇게 했는지 모르겠다.

  이런 일들이 있었다. 그들이 해결하지 못하는 일, 즉 그들이 징계 받을 수 있는 문제를 해결하기 위해 도왔었다. 잘되면 그들이 잘해서 훌륭하게 마무리되었다. 거기에는 내가 없었다. 그러나 잘못되었을 때는 나에게 아픔의 화살로 돌아왔다. "네가 그렇게 하라고 해서 이렇게 됐잖아." 하는 원망 섞인 말을 듣게 되었다. 나는 정말 친해지고 싶었다. 병신이었다.

  남은 거라곤 그런 과제를 수행한 경험뿐이다. 그리고 그 경험에서 업무 능력이라는 결과를 얻었다. 지금은 그것에 만족하고 있다.

  끝으로 부족한 이 글을 참을성 있게 읽어 주신 독자에게 감사한 마음과 존경을 표하며 나와 같은 시행착오를 줄여 자신에게 집중할 수 있는 시간이 많아지길 소망한다.

> 참고 자료

1장

Moore, D. A. & Healy, P. J. (2008). The Trouble With Overconfidence. Psychological Review, 115(2), 502-517.

Bandura, A. (1997). Self-Efficacy: The Exercise of Control. New York: W. H. Freeman.

Festinger, L. (1957). A Theory of Cognitive Dissonance. Stanford, CA: Stanford University Press.

Festinger, L. (1957). A theory of cognitive dissonance(Vol. 2). Stanford University Press.

Coopersmith, S. (1967). The Antecedents of Self-Esteem. New York: Holt, Rinegart and Winston.

Rosenberg, M. (1989). Society and the Adolescent Self-Image. Wesleyan University Press.

Dewey, J. (1938). Experience and Education. Kappa Delta Pi.

Freire, P. (1970). Pedagogy of the Oppressed. Herder and Herder.

Houghton, J. D., Wu, J., Godwin, J. L., Neck, C. P. & Manz, C. C. (2012). Effective stress management: A model of emotional intelligence, self-leadership, and student stress coping. Journal of Management Education, 36(2), 220-238.

Lazarus, R. S. & Folkman, S. (1984). Stress, Appraisal, and Coping. Springer Publishing Company.

Schlenker, B. R. (1980). Impression Management: The Self-Concept, Social Identity, and Interpersonal Relations. Brooks/Cole Publishing Company.

Edmondson, A. C. & Lei, Z. (2014). Psychological safety: The history, renaissance, and future of an interpersonal construct. Annual Review of Organizational Psychology and Organizational Behavior, 1(1), 23-43.

Hofmann, S. G. & Smits, J. A. (2008). Cognitive-behavioral therapy for adult anxiety disorders: A meta-analysis of randomized placebo-controlled trials. The Journal of Clinical Psychiatry, 69(4), 621-632.

Hawkley, L. C. & Cacioppo, J. T. (2010). Loneliness matters: A theoretical and empirical review of consequences and mechanisms. Annals of Behavioral Medicine, 40(2), 218-227.

곽용희. 2021. 12. 05. "옆팀 막내 또 관뒀대" … 떠나는 신입들, 돈 때문이 아니었다. 한국경제. https://www.hankyung.com/society/article/202112045467i

Pfund, C., Branchaw, J., McGee, R., Cramer, C., Kaatz, A., Patton, E., … & Byars-Winston, A. (2017). A new approach to mentoring for research careers: the National Research Mentoring Network. BMC Proceedings, 11(12), 22.

Homas-McLean, R., Williams, R., Melanson, K., LaFleur, J. & White, K. (2020). The Nature and Evolution of the Mentoring Relationship in Academic Health Centers. Journal of Clinical Psychology in Medical Settings, 27(3), 456-470.

Anne, M. T., Siobhan, M. H., Igor, L., Derek, M., Malvika, S., Menno, van. Z., Yehudi, Y. & Anelda, van der W. (2023). Ten simple rules for establishing a mentorship programme. PLOS Computational Biology, 19(1), e1010015.

McKinsey & Company. (2018). The keys to a successful team.

Cameron, K. (2012). Positive Leadership: Strategies for Extraordinary Performance. San Francisco: Berrett-Koehler Publishers.

Lodjic, T. (2015). Effective Communication and Team Performance. Journal of Organizational Behavior, 36(5), 659-672.

Boehl, J. (2017). Leadership and Trust: Building High-Performance Teams. Leadership Quarterly, 28(1), 18-28.

Deci, E. L. & Ryan, R. M. (2000). The "What" and "Why" of Goal pursuits: Human needs and the self-determination of behavior. Psychological Inquiry, 11(4), 227-268.

Ryan, R. M. & Deci, E. L. (2017). Self-Determination Theory: Basic Psychological Needs in Motivation, Development, and Wellness. New York: Guilford Press.

Brown, A. (2017). Creative Problem Solving in the Workplace. New York: Innovation Press.

Dewey, J. (1938). Experience and Education. New York: Macmillan.

Kim, H. (2021). Continuous learning and feedback in organizational management: Long-term benefits. Journal of Business Ethics, 34(2), 56-70.

Kolb, D. A. (1984). Experiential Learning: Experience as the Source of Learning and Development. Englewood Cliffs, NJ: Prentice Hall.

Piaget, J. (1977). The Development of Thought: Equilibration of Cognitive Structures. New York: Viking Press.

Vygotsky, L. S. (1978). Mind in Society: The Development of Higher Psychological Processes. Cambridge, MA: Harvard University Press.

Cappelli, P. (2000). A market-driven approach to retaining talent. Harvard Business Review, 78(1), 103-111.

Duffy, M. K., Scott, K. L., Shaw, J. D., Tepper, B. J. & Aquino, K. (2012). A social context model of envy and social undermining. Academy of Management Journal, 55(3), 643-666.

Kim, W. C. & Mauborgne, R. (2005). Blue ocean strategy: From theory to practice. California Management Review, 47(3), 105-121.

Taylor, D. (2019). Generation Z in the workplace: Their strengths and challenges. Journal of Business and Psychology, 34(2), 163-175.

McKinsey & Company. (2020). The social contract in the 21st century. McKinsey Global Institute.

2장

Dunbar, R. (2004). Gossip in evolutionary perspective. Review of General Psychology, 8(2), 100-110.

Knowles, M. S. (1984). The Adult Learner: A Neglected Species. Houston: Gulf Publishing.

Vygotsky, L. S. (1978). Mind in Society: The Development of Higher Psychological Processes. Harvard University Press.

Dweck, C. S. (2006). Mindset: The New Psychology of Success. Random House.

Rousseau, J. J. (1762). 사회계약론.

Prezza, M., Amici, M., Roberti, T. & Tedeschi, G. (2001). Sense of community and individual well-being: A multi-level perspective. American Journal of Community Psychology, 29(6), 707-728.

Wentzel, K. R. & Watkins, D. E. (2002). Mutual support and academic performance: The role of peer relationships in educational settings. Educational Psychology Review, 14(1), 1-23.

Clark, D. B. & Martinez-Garza, M. (2015). Commentary: Deep analysis of epistemic frames and passive participants around argumentation and learning in informal learning spaces. Computers in Human Behavior, 53, 617-620.

Hoffman, M. L. (2000). Empathy and Moral Development: Implications for Caring and Justice. Cambridge University Press.

Barsade, S. G. (2002). The ripple effect: Emotional contagion and its influence on group behavior. Administrative Science Quarterly, 47(4), 644-675.

Houle, C. O. (1961). The inquiring mind. Madison, WI: University of Wisconsin Press.

Jarvis, P. (1983). Adult and Continuing Education: Theory and Practice. Canberra: Croom Helm.

Flaxington, B. D. 2021. 5. 11. The Importance of Emotional Intelligence in the Workplace. Psychology Today. https://www.psychologytoday.com/intl/blog/understand-other-people/202105/the-importance-emotional-intelligence-in-the-workplace

3장

McClelland, D. C. (1961). The Achieving Society. Free Press.

Rawls, J. (1971). A Theory of Justice. Harvard University Press.

Aristotle. Metaphysics. Translated by W. D. Ross. Oxford University Press.

Descartes, R. (1641). Meditations on First Philosophy. Cambridge University Press.

Bergson, H. (1907). Creative Evolution. Dover Publications.

Habermas, J. (1984). The Theory of Communicative Action. Beacon Press.

김창엽. (2019). 성인교수학습의 이론과 실제. 공동체.

Dewey, J. (1938). Experience and Education. Kappa Delta Pi.

Freire, P. (1970). Pedagogy of the Oppressed. Herder and Herder.

4장

Cialdini, R. B. (2001). Influence: Science and Practice. Allyn & Bacon.

Hofstede, G. (2011). Dimensionalizing Cultures: The Hofstede Model in Context. Online Readings in Psychology and Culture, 2(1).

YTN 아이언스. 2016. 03. 31. 착한 사람 콤플렉스. https://science.ytn.co.kr/program/view_hotclip.php?mcd=0014&key=201604011816022829

곽용희. 2021. 12. 05. "옆팀 막내 또 관뒀대" … 떠나는 신입들, 돈 때문이 아니었다. 한국경제. https://www.hankyung.com/society/article/202112045467i

Carnegie Mellon University. (2020). Skills for Success in the Workplace.

Einarsen, S., Hoel, H., Zapf, D. & Cooper, C. L. (2010). Bullying and Harassment in the Workplace: Developments in Theory, Research, and Practice. CRC Press.

Columbia University Irving Medical Center. 2020. 07. 13. Why Are Memories Attached to Emotions So Strong? https://www.cuimc.columbia.edu/news/why-are-memories-attached-emotions-so-strong

Neuroscience News. 2023. 01. 19. Why Do We Remember Emotional Events Better Than Non-emotional Ones? Columbia University. https://neurosciencenews.com/emotional-memory-brain-22292/

American Psychological Association. (2005). The physiology of stress and the fight-or-flight response.

American Psychological Association. (2021). How to manage stress at work.

Sparks, D. 2019. 04. 17. Stress management: Know your triggers. Mayo Clinic. https://newsnetwork.mayoclinic.org/discussion/mayo-mindfulness-know-your-triggers-for-stress/

Harvard Health Publishing. (2019). The importance of taking breaks at work.

Sgattu, E. A. & Ohana, M. (2021). Impression Management and Career Related Outcomes: A Systematic Literature Review. Frontiers in Psychology.

ResearchGate. (2018). Impression Management Tactics in the Workplace: Enhancing or Distorting Perceptions?

Long, D. (2018). Impression Management at Work. Oxford Bibliographies.

Doran, G. T. (1981). There's a S.M.A.R.T. Way to Write Management's Goals and Objectives. Journal of Management Review, 70, 35-36.

Bollinger, M. (2024). Skills Building and Development in the Workplace. Cornerstone On Demand.

Laura, P., Junmin, L. & Petri, N. (2022). Professional Growth and Workplace Learning. Professional and Practice-based Learning.

Coursera. (2024). The Importance of Skill Development and Where to Start. Coursera Enterprise.

강영희. 2008. 생명과학대사전. 아카데미서적.

Heidegger, M. (1927). Being and Time. Harper & Row.

Sartre, J. P. (1943). Being and Nothingness. Washington Square Press.

Lakoff, G. & Johnson, M. (1980). Metaphors We Live By. University of Chicago Press.

Habermas, J. (1984). The Theory of Communicative Action, Volume 1: Reason and the Rationalization of Society. Beacon Press.

Freud, S. (1915). Repression. Standard Edition, 14, 143-158.

Bandura, A. (1999). Moral Disengagement in the Perpetration of Inhumanities. Personality and Social Psychology Review, 3(3), 193-209.

Bandura, A. (1977). Social Learning Theory. Englewood Cliffs, NJ: Prentice Hall.

Rubinstein, C., Shaver, P. & Peplau, L. A. (1979). Loneliness. Human Nature, 2(2), 58-65.

Fromm, E. (2013). Escape from freedom. Translated by Hadas, H. J. Henry Holt and Company.

Heidegger, M. (1962). Being and time. Translated by Macquarrie, J. & Robinson, E. Harper and Row Publishers.

5장

Heidegger, M. (1927). Being and Time. Harper and Row Publishers.

Sartre, J.-P. (1943). Being and Nothingness. Washington Square Press.

Lakoff, G. & Johnson, M. (2003). Metaphors We Live By. University of Chicago Press.

Habermas, J. (1984). The Theory of Communicative Action, Volume 1: Reason and the Rationalization of Society. Beacon Press.

Freud, S. (1915). Repression. Standard Edition, 14, 143-158.

Bandura, A. (1999). Moral Disengagement in the Perpetration of Inhumanities. Personality and Social Psychology Review, 3(3), 193-209.

Bandura, A. (1977). Social Learning Theory. Englewood Cliffs, NJ: Prentice Hall.

Rubinstein, C., Shaver, P. & Peplau, L. A. (1979). Loneliness. Human Nature, 2(2), 58-65.

에리히 프롬. 《자유로부터의 도피》(Escape from Freedom).

마르틴 하이데거. 《존재와 시간》(Being and Time).

6장

Zeigarnik, B. (1927). On finished and unfinished tasks. Psychologische Forschung, 9(1), 1-85.

Bandura, A. (1997). Self-efficacy: The exercise of control. W. H. Freeman and Company.

Festinger, L. (1957). A theory of cognitive dissonance. Stanford University Press.

Kohlberg, L. (1984). Essays on Moral Development, Vol. II: The Psychology of Moral Development. Harper & Row.

Bandura, A. (1977). Social Learning Theory. Prentice Hall.

Kahneman, D. & Deaton, A. (2010). High income improves evaluation of life but not emotional well-being. Proceedings of the National Academy of Sciences, 107(38).

Killingsworth, M. A. (2021). Experienced well-being rises with income, even above $75,000 per year. Proceedings of the National Academy of Sciences, 118(4).

Kant, I. (1785). Groundwork of the Metaphysics of Morals. Cambridge University Press.

Mill, J. S. (1863). Utilitarianism. Longmans, Green, and Company.

Aristotle, Nicomachean Ethics. Translated by W. D. Ross. Oxford University Press.

Aristotle. (2009). Nicomachean Ethics. Translated by Ross, W. D. In R. Crisp(Ed.), Aristotle: Nicomachean Ethics. Cambridge University Press.

Buber, M. (1970). I and Thou. Translated by Kaufmann, W. Charles Scribner's Sons.